Gotlib

trucs -en- vrac

COUVERTURE GOTLIB - GEORGES LACROIX
PHOTO CHRISTIAN HOCHET

DARGAUD ❂ EDITEUR

PARIS • BARCELONE • LAUSANNE • LONDRES • MILAN • MONTREAL • NEW YORK • STUTTGART

© **1985 DARGAUD ÉDITEUR**

Tous droits de traduction, de reproduction et d'adaptation strictement
réservés pour tous pays.

Dépôt légal Avril 1985 - N° 000
I S B N 2-205-02929-0
ISSN 0758-4717

Imprimé en Italie en Mars 1985 par
Tipolitografia G. Canale & C. S.p.A. - Turin
Printed in Italy

SOMMAIRE

(1) Scénario Goscinny.
(2) Scénario Lob.

LE MIMÉTISME ANIMAL

VOUS AVEZ DEVANT VOUS UN TISSU AGRÉMENTÉ D'UN MOTIF AU POINT D'ALENÇON DU PLUS GRACIEUX EFFET. OR, SI VOUS OBSERVEZ ATTENTIVEMENT CE COUPON, VOUS VOUS APERCEVEZ TRÈS VITE DE CE QUI EST POSÉ DESSUS : RIEN.

OÙ VEUT-IL EN VENIR, VOUS DITES-VOUS

ÇA, C'EST LA SUR-PRISE.

CAR MAINTENANT, REGARDEZ BIEN CE QUE JE VAIS FAIRE...

ATTENTION... UNE... DEUX...

PAFF

...TROIS !

?

VOUS AVEZ PU VOIR QUE LE COUP, DONNÉ SUR L'ÉTOFFE, A EU POUR EFFET DE FAIRE BOUGER CETTE DERNIÈRE. LE COLÉOPTÈRE QUI EST TOMBÉ ÉTAIT POSÉ DESSUS, LA SECONDE D'AVANT, ET ON NE LE VOYAIT PAS.

CE PHÉNOMÈNE STUPÉFIANT EST APPELÉ : "MIMÉTISME"

LE MIMÉTISME PERMET À L'ANIMAL QUI COURT UN DANGER, DE DISPARAÎTRE AUX YEUX DE SON ENNEMI EN SE CONFONDANT AVEC LA NATURE QUI L'ENVIRONNE. C'EST, SI VOUS VOULEZ, UN VÉRITABLE CAMOUFLAGE NATUREL.

LE CHAMPION DU MIMÉTISME EST LE CAMÉLÉON.

CE CAMÉLÉON A PRIS LA COULEUR DU PERCHOIR SUR LEQUEL IL REPOSE : BLANC.

TOUTEFOIS, LE CAMÉLÉON AYANT DÉJÀ ÉTÉ ÉTUDIÉ ICI, JE NE LE CITE QUE POUR MÉMOIRE. NOUS PARLERONS PLUTÔT AUJOURD'HUI DU PHÉNOMÈNE DU MIMÉTISME EN GÉNÉRAL.

LE VIEIL ADAGE QUI AFFIRME : "LES ÉLÉPHANTS SONT GRIS QUI ON NE LES CONFONDE AVEC LES FRAISES DES BOIS" EST FAUX. JE SOUTIENS, MOI, QUE SI L'ÉLÉPHANT VIVAIT PARMI DES FRAISES DES BOIS, IL SERAIT ROUGE PAR MIMÉTISME.

EN EFFET, L'ANIMAL A TENDANCE À PRENDRE LA TEINTE DU MILIEU DANS LEQUEL IL VIT COURAMMENT. CE LAPIN DES CHAMPS DE BEAUCE EST BRUN, COMME LA TERRE DE NOS BELLES PLAINES.

PAR CONTRE, CE LAPIN RUSSE DES STEPPES DE L'AZERBAÏDJAN SEPTENTRIONAL EST BLANC, SE CONFONDANT AINSI AVEC LA NEIGE DANS LAQUELLE IL FOLÂTRE.

PTOU

INVERSEMENT, PRENONS LE CAS D'UN OURS POLAIRE, DONC, BLANC, QUI EST FRAGILE DE LA GORGE. IL SOUFFRE PAR CONSÉQUENT, DU CLIMAT DANS LEQUEL IL VIT.

OURS BLANC

BUÉE

HIPS

...OR DONC, LASSÉ DES PERPÉTUELLES PHARYNGITES, LARYNGITES, ET AUTRES ANGINES, IL DÉCIDE D'ABANDONNER LE PAYS NATAL, ET D'ÉMIGRER...

J'EN AI MARRE. JE PLAQUE TOUT

...VERS LES TROPIQUES, OÙ LES CIEUX SERONT PLUS CLÉMENTS À SA GORGE FRAGILE.

TROPIQUES

SEULEMENT VOILÀ. LA COULEUR BLANCHE DE SON PELAGE, TROP VOYANTE, FAIT DE LUI UNE CIBLE FACILE, DANS CE NOUVEL ENVIRONNEMENT. SANS COMPTER QU'IL CRÈVE DE CHALEUR, CETTE FOIS, AVEC SA FOURRURE POLAIRE.

IL EN FAIT UN DRÔLE DE PLAT.

ET C'EST LÀ QUE S'AMORCE LE MIRACLE DU MIMÉTISME. PREMIER STADE, LE PELAGE DE NOTRE OURS BRUNIT POUR S'HARMONISER AVEC LES COULEURS CHAUDES DES TROPIQUES.

113-A

DEUXIÈME STADE : SON LONG POIL SE RAC-COURCIT (PUISQU'IL FAIT TRÈS CHAUD), JUSQU'À DEVENIR COMPLÈTEMENT RAS.

TROISIÈME STADE : SE RAPPELANT BRUS-QUEMENT QU'IL A LA GORGE FRAGILE, IL DÉCIDE DE SE LAISSER POUSSER UN CACHE-COL NATUREL, FAIT DE TRÈS LONGS POILS.

J'AURAIS PU Y PEN-SER PLUS TÔT !

C'EST QUAND MÊME PLUS PRATI-QUE QUE LE CACHE-COL DE LAINE !

ENFIN, QUATRIÈME ET DERNIER STADE : IL LAISSE POUSSER SA QUEUE. (RIEN QUE POUR FAIRE JOLI.) SOUS CETTE NOUVELLE APPA-RENCE, L'OURS BLANC DES RÉGIONS POLAI-RES EST DEVENU LE LION DE LA JUNGLE.

ET SI DES GENS VOUS DI-SENT: "IL N'Y A PAS DE LIONS DANS LA JUNGLE," VOUS SAVEZ MAINTENANT QUE VOUS POUVEZ LEUR ÉCLATER AU NEZ D'UN GRAND RIRE IRRESPEC-TUEUX ET RÉPONDRE : "FORCÉMENT, CE SONT DES OURS BLANCS !"

QUI L'EUT CRU?

LE BUT PRINCIPAL DU MIMÉTISME EST, COMME JE L'AI DIT PLUS HAUT, D'ÉCHAPPER AUX REGARDS ENNEMIS EN SE CONFONDANT AVEC LE PAYSAGE. PAR EXEMPLE, ICI, ON JURERAIT QUE LE LIEU EST DÉSERT.

MAIS GARDONS- NOUS BIEN DE NOUS FIER AUX APPARENCES !... TENEZ ... JUGEZ VOUS - MÊMES ...

BOUH!

COMME VOUS POUVEZ LE CONSTATER, LES ANIMAUX CACHÉS PRÉCÉDEMMENT PARMI CE PAYSAGE, L'ALTÉ-RAIENT À PEINE. ILS SONT MAINTENANT PARTIS ET CE LIEU EST RESTÉ À PEU PRÈS LE MÊME.

CETTE FACULTÉ DE SE CONFONDRE AVEC LA NA-TURE RÉPOND AU PLUS PROFOND DES INSTINCTS ANIMAUX : CELUI DE LA CONSERVATION.

QUI L'EUT DIT!

L'ANIMAL, CRAINTIF, NE BOUGE PLUS, ATTENDANT QUE L'ENNEMI S'EN AILLE. S'IL EST DÉCOUVERT, ALORS, IL SE SAUVE. REGARDEZ CET ARBRE... IL PARAÎT INOCCUPÉ... ET POURTANT...

BOUH!

...ET L'ANIMAL, TERRORISÉ, SE DÉMASQUE ET PREND LA FUITE.

EN PRINCIPE

VOILÀ

VAS-TU ME FOUTRE LE CAMP!

PCHT!

ALLEZ COUCHER!

PCHT!

GRAT

GRAT

BOUH!

BOUH!

BOUH!

OUK OUK

BOUH!

OUGL

BOUH!

BOUH!

REMARQUEZ QU'IL Y A DES RACES D'ANI-MAUX QUI SONT DES DÉ-FIS AUX LOIS NATURELLES

UN AUTRE MODE DE MIMÉTISME, RÉPANDU DANS LES ENDROITS SABLONNEUX, CONSISTE À SE PLAQUER AU SOL. COMME PAR EXEM-PLE, LA RAIE, AU FOND DE L'OCÉAN.

RAIE NAGEANT

RAIE PLAQUÉE AU FOND SABLONNEUX DE L'OCÉAN

RAIE DU CADRE DE L'IMAGE

RAIE SUR LE CÔTÉ

113-B

DE MÊME, DANS LE DÉSERT, CERTAINS ANIMAUX SE CAMOUFLENT EN SE PLAQUANT SUR LE SABLE. QUI POURRAIT DEVINER QUE C'EST LE CAS, ICI ?... MAIS JE N'EN DIS PAS PLUS... ATTENDONS QU'IL SORTE DE LUI MÊME CAR CELUI-CI N'EST PAS CRAINTIF.

ÇA PEUT PRENDRE UN CERTAIN TEMPS...

J'AI UN DE CES COUPS DE BARRE, MOI...

RON ZZZZ RON ZZZZ

C'EST TOUT DE MÊME UN MONDE !

MÊME ICI ! PAS MOYEN DE ROUPILLER TRANQUILLEMENT !!

POUR TERMINER CET EXPOSÉ, VOICI TROIS PETITS JEUX AMUSANTS ET INSTRUCTIFS SUR LE THÈME DU MIMÉTISME.

PREMIER JEU : UN ANIMAL EST DISSIMULÉ, PAR MIMÉTISME, DANS UN BOIS. QUEL EST CET ANIMAL ?

RÉPONSE : VOUS L'AVEZ DEVINÉ, BANDE DE PETITS COQUINS ! C'EST UN CHEVAL.

DEUXIÈME JEU : PAR MIMÉTISME, UN ANIMAL S'EST HABILEMENT CONFONDU AVEC CE TAS DE ROCHERS. DEVINEZ LEQUEL.

MAIS OUI, BON SANG !... MAIS C'EST BIEN SÛR !... VOUS L'AVEZ DEVINÉ, TAS DE PETITS FRIPONS CANAILLOUS !... C'EST UN ÉCUREUIL.

TROISIÈME JEU : PAR UN PHÉNOMÈNE DE MIMÉTISME QUI ME LAISSE, MOI QUI POURTANT EN AI VU D'AUTRES, LITTÉRALEMENT COMME DEUX RONDS DE FLAN, UN COCHON S'EST ASTUCIEUSEMENT MÊLÉ À DES SOURIS. TROUVEZ-LE.

BEN OUI MAIS ENFIN ON NE VOUS A RIEN DEMANDÉ À VOUS, QUOI !!... VOUS NE POUVEZ PAS LAISSER JOUER LES LECTEURS, NON !?!...

À PART ÇA, JE NE VOIS PAS GRAND CHOSE D'AUTRE À AJOUTER SUR LE MIMÉTISME. JE PENSE AVOIR FAIT LE TOUR DE LA QUESTION.

ÇA C'EST VITE DIT

C'EST LUI ! JE L'AI RECONNU ! C'EST LUI ! MOI ! JE SAIS ! C'EST LUI ! C'EST LUI ! JE L'AI VU-EU JE L'AI VU-EU C'EST LUI ! C'EST LUI-EU TRA-LA-LA JE SAIS ! C'EST LUI ! C'EST LUI ! M'SIEUR ! JE SAIS !

113-C

FAITES PARLER VOTRE PERROQUET

ON VOUS A OFFERT UN PERROQUET, BIEN BEAU, BIEN VERT, BIEN MÛR...

MAIS IL NE PARLE PAS !!! ...

IL FAIT:

CRRR

UN PERROQUET QUI NE PARLE PAS, C'EST COMME UN CHAT QUI NE RONRONNE PAS: C'EST DÉCEVANT. GRÂCE À NOS DINGO-CONSEILS, VOUS LUI APPRENDREZ À PARLER.

Commencez par éloigner tout élément perturbateur.

CRRR?

CUI CUI CUI CUI

Ensuite, dans l'obscurité totale, répétez inlassablement la même phrase simple. Le perroquet vous écoutera attentivement. Et en tout cas, ça ne peut pas lui faire du mal.

BONJOUR COCO.
BONJOUR COCO.
BONJOUR COCO.
BONJOUR COCO.

CRRR

Mais cela peut être dangereux pour vous. Si cela ne donne pas de résultat, arrêtez.

GEORGES! QU'EST-CE QUE TU AS?

CRRR

BONJOUR COCO.
BONJOUR COCO.
BONJOUR COCO.
BONJOUR COCO.

I LOVE LUDWIG

Faites-vous remplacer par un disque qui jouera inlassablement...

CRRR?

...Y'A L'TÉLÉFON QUI SON ET Y'A JA-MAIS PERSON QUI Y RÉPOND!!

SGT PEPPERS LONELY HEARTS CLUB

Ça ne fera peut-être pas parler votre perroquet...

DRRRIIING

...mais ça fera hurler votre malheureux voisin du dessous.

C'EST PAS UN PEU FINI? VOILÀ DEUX HEURES QUE ÇA DURE!! CHANGEZ LE DISQUE!!!

Il faut trouver autre chose.

CRRR

CLONG

LES INTERVIEWS

CHERS AMIS, J'AI ACTUELLEMENT PRÈS DE MOI CELUI DONT LE NOM EST SUR TOUTES LES LÈVRES, CELUI DONT IL N'EST PAS EXAGÉRÉ DE DIRE QU'IL EST LE PLUS GRAND...

...VOUS L'AVEZ RECONNU: LE CÉLÈBRE TALBON-JOURDALLE FRED, QUI A BIEN VOULU NOUS PARLER DE SON OEUVRE. CHER AMI, AU SUJET DE CETTE OEUVRE...

...PAR LAQUELLE TOUT LE MONDE SE SENT PROFONDÉMENT CONCER-NÉ, J'AIMERAIS VOUS POSER UNE QUESTION QUE, JE PENSE, TOUT LE MONDE SE POSE AU DÉPART. CELLE-CI:

QUELLE EST LA COULEUR DE VOS BRETEL-LES?

C'EST LE GAG QUE L'ON UTILISE COURAMMENT, LORSQU'ON VEUT TOUR-NER EN DÉRISION, LES INTERVIEWS, LES ANIMA-TEURS D'ÉMISSIONS DE TÉLÉ, DE RADIO, ETC...

CE N'EST PAS LA PEINE D'ALLER JUSQU'À CE CAS EXTRÊME. IL Y A DES STYLES D'INTERVIEWS ET DE PRÉSENTATIONS PLUS COURANTS:

PAR EXEMPLE, IL Y A L'INTERVIEWER PRATIQUANT LE STYLE DIT "COUP-DE POING" QUI CONSISTE À POSER D'UNE VOIX MORNE, LE VISAGE IMPASSIBLE, LES QUESTIONS LES PLUS CRUELLES QUI SOIENT.

CHER TALBON-JOURDALLE FRED, J'AIMERAIS VOUS POSER UNE QUESTION. VOUS ÊTES LAID.

ON DIT QUE VOUS AVEZ EU DES DÉMÊLÉS AVEC LA POLICE. VOUS DEVEZ PLU-SIEURS MILLIONS AU FISC.

VOTRE STYLE EST DÉMODÉ. QUELLE EST VOTRE RÉACTION HABITUELLE LORSQUE L'ON ÉVOQUE CES PROBLÈMES DÉLICATS?

IL Y A L'INTER-VIEWER QUI POSE UNE QUESTION ET QUI, PENDANT QUE L'AUTRE RÉPOND, S'OCCU-PE D'UNE FOULE DE CHOSES, SAUF DE CETTE RÉPON-SE. ON A L'IM-PRESSION QU'IL EST AILLEURS. POUR ATTÉNUER LE CÔTÉ ABSENT DE SON ATTITUDE, ON MONTRE SES MAINS.

CHER TALBON-JOURDALLE FRED, EN LISANT VOTRE LIVRE, JE ME SUIS POSÉ UNE QUESTION: QU'EST-CE QUI VOUS A POUSSÉ À L'ÉCRIRE?

EH BIEN...

...DÈS MON PLUS JEUNE ÂGE, J'AI ÉTÉ FRAPPÉ PAR LA DIVERSITÉ DE LA VIE. J'ÉTAIS TRÈS TIMIDE, EN CE TEMPS-LÀ...

TSK TSK

...MAIS LES CHOSES EXTÉRIEURES M'AT-TEIGNAIENT INTENSÉ-MENT... J'ÉPROUVAIS UNE ENVIE DE M'INTÉ-GRER AU MONDE...

...UN BRUSQUE BESOIN DE M'EXPRIMER... C'EST, JE CROIS, LA RAISON MAJEURE QUI M'A POUSSÉ À ÉCRIRE CE LIVRE.

JE VOIS. MAIS ALORS, CE QUE VOUS VENEZ DE DIRE FAIT NAÎTRE UNE QUESTION SUR MES LÈ-VRES: QU'EST-CE QUI VOUS A POUSSÉ À ÉCRI-RE CE LIVRE?

?

IL Y A CELUI QUI DESCEND DANS LA RUE, MICRO À LA MAIN, POUR RECUEILLIR DE LA FOULE ANO-NYME DES AVIS PRÉCIEUX SUR TELLE OU TELLE QUESTION. TÂCHE INGRATE. LES GENS N'Y METTENT PAS TOUJOURS DE LA BONNE VO-LONTÉ.

QUELLE INFLUENCE L'OEUVRE DE FRED TALBON-JOURDALLE A-T-ELLE SUR L'HOMME DE LA RUE?.. JE VOIS LÀ UN MON-SIEUR VAQUANT À SON LA-BEUR QUOTIDIEN... MONSIEUR...

JE M'EXCUSE

CHER MONSIEUR!.. UNE SIM-PLE QUESTION: TALBON-JOURDALLE-FRED? QU'EST-CE QUE CE NOM ÉVOQUE POUR VOUS?..

J'AIME BIEN ... MAIS JE M'EXCUSE...

HA! HA! JE VOIS QUE VOUS CONNAISSEZ! PEUT-ÊTRE AVEZ-VOUS LU SON DER-NIER LIVRE?.. UNE SIMPLE QUESTION, ALORS:

JE M'EXCUSE...

GNNMFF

...UNE SIMPLE QUESTION: VOUDRIEZ-VOUS ME LÂCHER? JE DOIS TÉLÉPHONER AUX POMPIERS!... MA MAISON BRÛLE!

SCRAAAATCH

4A

JEUX POURRIS

L'AUTRE JOUR, JE PENSAIS AUX JEUX OLYMPIQUES D'HIVER DE GRENOBLE. ET SOUDAIN, UNE IDÉE EFFROYABLE S'IMMISCA DANS MON CERVEAU FATIGUÉ. ON PARLE TOUJOURS D'ÉTÉS POURRIS, ET SI, HORREUR SANS NOM, IL Y AVAIT, PENDANT LES JEUX DE GRENOBLE, *UN HIVER POURRI*?.. HEIN?.. HÉLAS... VOUS VOYEZ D'ICI LE TABLEAU? LES RESPONSABLES DE CETTE BELLE ET GRANDE MANIFESTATION, TOUT À COUP FACE À CE DRAME?

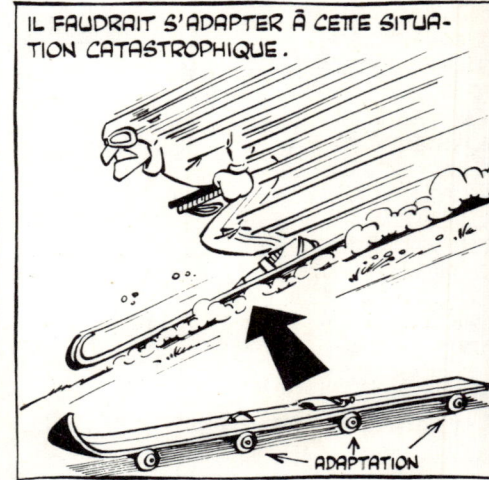

...DÈS QUE J'AI EU LES RAPPORTS MÉTÉO, JE VOUS AI FAIT CONVOQUER. LA SITUATION EST GRAVE. NE M'EN VEUILLEZ PAS D'AVOIR INTERROMPU VOTRE REPAS...

MAIS NON, MAIS NON...

JE VOIS QUE VOUS MANGIEZ DE LA FONDUE...

C'EST EXACT

RAPPORT MÉTÉO PRÉVISIONS HIVER POURRI

LES ORGANISATEURS, ATTERRÉS, RÉALISERAIENT ALORS QUE TOUT RISQUAIT D'ÊTRE COMPROMIS.

VOUS VOUS RENDEZ COMPTE? CETTE VILLE QU'ON A CONSTRUITE SPÉCIALEMENT?

ET LES MARQUES DE CIGARETTES CRÉÉES POUR L'OCCASION!

ET TOUS CES HÔTELS?

ET LES RESTAURANTS!

ET TOUTE CETTE PUBLICITÉ!

LES CHAMBRES RETENUES!

SANS COMPTER TOUS LES PETITS DÉTAILS SECONDAIRES

COMME PAR EXEMPLE: LES ATHLÈTES

UN PROJET DE CETTE AMPLEUR ÉTANT DIFFICILE À DÉCOMMANDER, HIVER POURRI OU PAS, IL FAUDRAIT BIEN Y ALLER.

SLALOM? QUEL SLALOM? IL N'Y A PAS DE NEIGE!

QUE VOULEZ-VOUS QUE JE VOUS DISE!? IL FAUT PRÉPARER LA PISTE, C'EST TOUT!

DÉGAGEZ LA PISTE, S'IL VOUS PLAIT!

ÇA VA PAS, NON? C'EST LA SAISON DES ALPAGES! L'HIVER, JE RESTE À L'ÉTABLE. AU PRINTEMPS, JE SORS!!

JE VOUS DIS QU'ON FAIT ICI LE GRAND SLALOM!

DÉGAGEZ LA PISTE!

DILING! MEUH! OUAH! MEUH! DILING! DILING! MEUH! DILING!

AFFREUX SPECTACLE QUE CELUI DES ATHLÈTES, INCOMMODÉS PAR LA CHALEUR.

IL N'Y A PAS DE "VILAINE ARRIÈRE-SAISON" QUI TIENNE! METTEZ-VOUS EN TENUE!!

ESSAYEZ DONC DE FAIRE DU SKI SANS NEIGE, TIENS!!.. C'EST DÉJÀ *ASSEZ* DIFFICILE *AVEC*.

VAS-Y! ÇA DÉMARRE!

POUSSE!

IL FAUDRAIT S'ADAPTER À CETTE SITUATION CATASTROPHIQUE.

ADAPTATION

ET UNE FOIS PARTI, IL Y AURAIT AUSSI LE PROBLÈME DE L'ARRÊT!

??? ?? ??

VISION D'ÉPOUVANTE...

54

ET LE SLALOM SPÉCIAL ? SPÉCIALEMENT EFFROYABLE, QU'IL SERAIT... AH... RIEN QUE D'Y SONGER !...

MEUH

L'HIVER, MOI, JE SUIS À L'ÉTABLE, ET AU PRINTEMPS, JE BROUTE !

JE N'VEUX PAS L'SAVOIR !

POUR CE QUI EST DU SAUT, ALORS LÀ, IL VAUT MIEUX NE PAS Y PENSER, SOUS PEINE D'ENTREVOIR LES ABÎMES SANS FOND DE L'ENFER.

...METTONS QUE, EN L'AIR, TOUT SE PASSE BIEN... MAIS C'EST APRÈS !.. POUR REDESCENDRE !..

CLICK !

LE TREMPLIN, ENCORE, METTONS QU'ON L'ENDUISE DE SAVON...

HÉLAS... IMAGE D'APOCALYPSE... MAIS AUSSI, QUE FAIRE ? QUE FAIRE ? JE VOUS LE DEMANDE !..

OU ALORS... CETTE AUTRE SOLUTION... OUI... BIEN SÛR...

...À LA RIGUEUR... ÉVENTUELLEMENT...

MAIS RIEN NE SAURAIT ATTÉNUER L'HORREUR DE CES IMAGES DANTESQUES.

PLAOUF

J'IMAGINAI, EN UNE DERNIÈRE VISION D'ÉPOUVANTE, CE QUE SERAIT LE BOBSLEIGH.

C'EN ÉTAIT TROP POUR MON FAIBLE SYSTÈME NERVEUX.

NE VOULANT PAS SOMBRER DANS LA DÉMENCE, JE CHASSAI CES PENSÉES DE CAUCHEMAR, PROBABLEMENT DUES À LA FATIGUE CAUSÉE PAR QUELQUES NUITS RÉCEMMENT PASSÉES EN ÉTUDE ET EN PRIÈRE... N'EMPÊCHE... N'EMPÊCHE...
HÉ... PSST... HÉHO... LES COPAINS... SI TOUT CELA ARRIVAIT... QU'EST-CE QUE CELA SERAIT RIGOLO !..
•••
(HÉHO !.. PSST... JE PENSE À UN TRUC... ET SI, À MEXICO, ILS AVAIENT UN ÉTÉ POURRI, ALORS !?)

5B

POSTERS

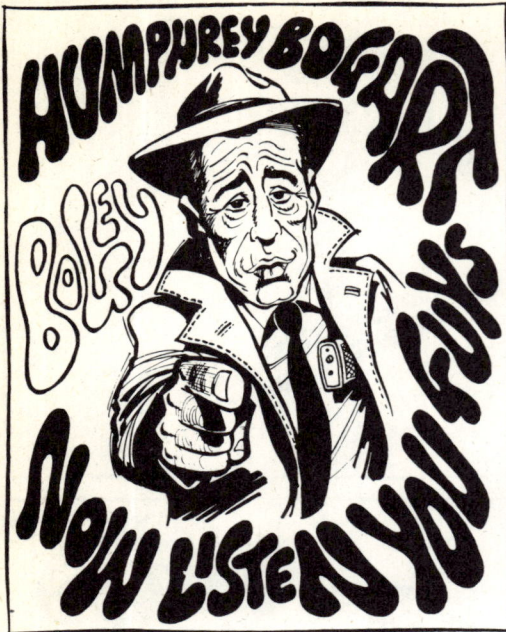

EN CE MOMENT, LA MODE EST AUX "POSTERS". CE SONT DES AFFICHES REPRÉSENTANT DES VEDETTES OU AUTRES PERSONNAGES, QUI ONT CONQUIS L'ADMIRATION DES FOULES, AU POINT DE DEVENIR DE VÉRITABLES MYTHES. LES "POSTERS" SONT SOUVENT ACCOMPAGNÉS DE TEXTES DONT LE CÔTÉ DÉCORATIF EMPIÈTE, C'EST LE MOINS QU'ON PUISSE DIRE, SUR LA LISIBILITÉ. MOI, J'AIME BIEN HUMPHREY BOGART, OU ALBERT EINSTEIN, OU JAMES DEAN, MAIS MES MYTHES, MES HÉROS, CEUX QUI EMPLISSENT MA VIE, JOUR APRÈS JOUR N'EXISTENT PAS EN "POSTERS".
C'EST POURQUOI J'AI CRÉE MA PROPRE COLLECTION.

MON CONCIERGE URGENT

UNE LETTRE POUR VOUS MONSIEUR GOTLIB

PILOTE
EXPRESS Monsieur Gotlib

J'AI DONNÉ UN FRANC AU FACTEUR

MON RÉDACTEUR EN CHEF URGENT

ALORS CE TRAVAIL ÇA AVANCE?

VOUS EN VOULEZ UN BOUT?

ISAAC NEWTON

MA TÊTE A ATTIRÉ CETTE POMME EN RAISON INVERSE DE LA DISTANCE DU CARRÉ

C'EST VRAIMENT UNE ANECDOTE COCASSE

MON FACTEUR

UN TÉLÉGRAMME M'SIEUR SIGNEZ LÀ

TÉLÉGRAMME DEST. PILOTE Mr GOTLIB

M'SIEUR LE SERVICE N'EST PAS COMPRIS M'SIEUR

URGENT URGENT **MON RÉDACTEUR EN CHEF** (TECHNIQUE)

ÇA VIENT OUI CE TRAVAIL URGENT?!!!

MA POSTIÈRE

28..29..30.. QUOI URGENT URGENT..! 31..32..

VOUS VOYEZ BIEN QUE JE SUIS OCCUPÉE 33..34..35..36..

MON CONTRACTUEL URGENT

JE N'VEUX PAS L'SAVOIR

OU PAS MOI QUI FAIS LES C'EST PAS

CONTRAVENTION stationnement illicite

RÉGLEMENTS

JE M'EXCUSE LES GARS... JE NE ME SENS PAS TRÈS BIEN... ÇA DOIT ÊTRE CES LETTRES QUI SE GONDOLENT...

BURP!

...IL FAUT QUE J'AILLE PRENDRE DU BICARBONATE DE SOUDE C'EST URGENT

P.S. À TOUT LECTEUR QUI VIENT DE LIRE CES DEUX PAGES, JE PEUX INDIQUER UNE EXCELLENTE MARQUE DE COLLYRE. ÉCRIRE AU JOURNAL.

LES SÉLÉNITES

La lune est à la une de l'actualité. Aujourd'hui, un engin l'a contournée, la frôlant de près.
Demain, après-demain au plus tard, un homme y prendra pied, ça ne fait aucun doute.
Selon les savants, on n'y trouverait aucun habitant... Je suis désolé de les contre-dire mais je ne suis pas d'accord...

Car je suis certain, moi, que la lune est habitée. Et la surprise des hommes sera grande, lorsqu'ils feront connaissance avec ses aimables indigènes.

Le premier de ces "lunaires", celui qui jouera le rôle d'hôte d'accueil, est un bonhomme tout blanc. C'est Pierrot, un vieil habitué du lieu.

Pierrot est comme qui dirait le "tambour-major du défilé du comité d'accueil".
Le défilé commence dans un merveilleux silence auquel — bon gré mal gré — il faudra bien s'habituer.
Voici Cyrano, gascon au long nez, emmanché d'un long cou.

voici Don Quichotte, qui combat les moulins-à-vent, suivi de son fidèle Sancho-Hulot, qui combat les moulins à paroles. Ils perdent tous deux à tous les coups.

Voici Louis, un noir qui joue de la trompette.

voici Buster, un rigolo qui ne rigole jamais

POUÈT POUÈT

voici Chico, Groucho et Harpo, pavés dans la soupe aux canards

Tout de suite après arrivent les officiels. On est frappé par l'aspect sérieux de leur attitude, mais un comité d'accueil se doit d'afficher un air grave.
C'est le conseil des sages.

32

et le défilé continue. Voici ...

... un adolescent boutonneux et son frère aîné, fleur à l'oreille.

deux vagabonds des grands chemins.

un chasseur de papillons géants.

HUM

voici une bergère et son troupeau.

Musique. Voici quatre scarabées dorés à cheveux longs. Ils planent. Le diamant de Lucy est dans le ciel, au-dessus d'eux. Sous leurs pieds s'étend un champ de fraises, forever.

Musique toujours, mais plus rude cette fois. Do majeur — Sol septième — Le voici qui arrive de son pas lourd. C'est Georges le grand!

Et puis, celui qui est le monarque tout puissant régnant sur la lune, et qui ne le sait même pas! (ceci explique peut-être cela)

Faites comme moi, jetez un coup d'œil dans votre télescope personnel et vous verrez vos habitants de la lune, comme je vois les miens. Mais faites vite car ILS arrivent! Ils arrivent, les scaphandriers du cosmos, bardés de métal et de plastique. Je les vois venir, avec leurs gros sabots, pour troubler la mer de la tranquillité.

Tenez, je vous parie qu'ils vont me contredire et affirmer qu'il n'y a pas d'habitants sur la lune! Enfin, c'est le progrès!

32 B

L'ÉCOLE DES EXPLORATEURS

LE PRESTIGIEUX MÉTIER D'EXPLORATEUR VOUS TENTE. FORT BIEN. MAIS UN EXPLORATEUR, TOUT COMME UN COSMONAUTE, DOIT S'ENTRAÎNER AVANT DE PARTIR EN EXPÉDITION. "MÂTIN! NOUS DIREZ-VOUS, CET ENTRAÎNEMENT DOIT ÊTRE FORT COÛTEUX, ET IL DOIT FALLOIR ALLER BIEN LOIN POUR LE FAIRE!" PAS AVEC NOTRE DINGOMÉTHODE!.. CAR...

...AVEC NOTRE DINGOMÉTHODE, IL VOUS SUFFIRA D'ALLER DANS VOTRE SALLE DE BAINS!

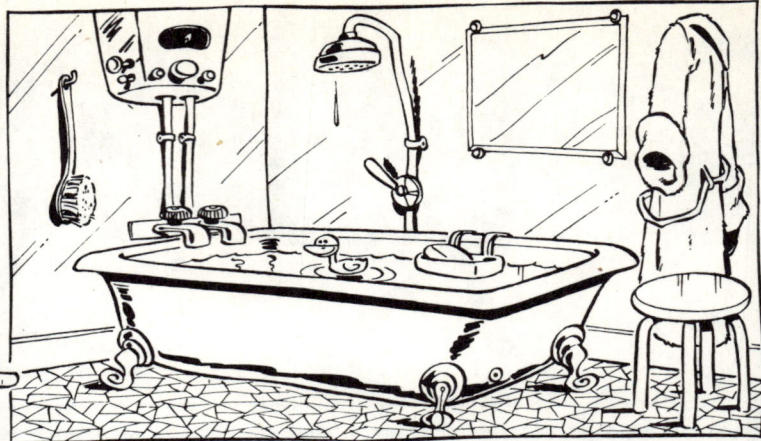

...EN EMPORTANT, BIEN ENTENDU, UN MATÉRIEL MINIMUM, COMPRENANT ARMES, VIVRES ET OUTILS.

PISTOLET À AMORCES

AMORCES

ALLUMETTES

BOÎTE DE CASSOULET

OUVRE-BOÎTE

VERROTERIES POUR AMADOUER LES INDIGÈNES HOSTILES.

I LOVE RINGO

AVEC TOUT CE MATÉRIEL SUR VOUS, PLONGEZ DANS LA BAIGNOIRE, PRÉALABLEMENT REMPLIE D'EAU.

PLOUF!

CAR IL EST BIEN CONNU QUE L'EMBARCATION QUI TRANSPORTE L'EXPLORATEUR SE RENVERSE DANS LA RIVIÈRE, ET QUE L'EXPLORATEUR TOMBE À L'EAU AVEC TOUT SON MATÉRIEL. SORTEZ DE LA RIVIÈRE, ET FAITES SÉCHER VOTRE ÉQUIPEMENT.

PENDANT QUE VOTRE MATÉRIEL SÈCHE, FAITES LES CENT PAS DANS LA BAIGNOIRE PLEINE, POUR VOUS HABITUER À MARCHER DANS LES MARAIS ET LES TERRAINS HUMIDES.

PLOC PLIC PLOC!

PLIC PLOC

L'HEURE DE VOTRE PREMIER BIVOUAC EST ARRIVÉE. ESSAYEZ DE FAIRE DU FEU POUR FAIRE CUIRE VOS ALIMENTS.

MAIS, VOTRE MATÉRIEL N'ÉTANT PAS ENCORE SEC, IL VOUS FAUDRA MANGER VOTRE REPAS FROID.

VOUS LE MANGEREZ SOUS LA DOUCHE, POUR VOUS HABITUER À LA SAISON DES PLUIES...

JE VOUS RACONTE PAS

J'AI UNE ÉPOUSE MERVEILLEUSE. ATTENDEZ QUE JE VOUS DISE : JE VOULAIS FAIRE UN REPORTAGE SUR L'EXPLOIT DES COSMONAUTES, ET PAF, ME VOILÀ CLOUÉ AU LIT PAR UNE MÉCHANTE GRIPPE. MALÉDICTION. HEUREUSEMENT, MA FEMME ME DIT : "ÇA NE FAIT RIEN MON CHÉRI, QU'ELLE ME DIT, JE VAIS TOUT REGARDER À LA TÉLÉ, ET APRÈS, JE TE RACONTERAI TOUT !" VOUS VOUS RENDEZ COMPTE ? AVEC LE MÉNAGE, LA CUISINE, LES COURSES ? UN TRICOT EN COURS ? MERVEILLEUSE ÉPOUSE. SI J'AI PU FAIRE CE REPORTAGE, C'EST BIEN GRÂCE À ELLE. ALORS VOILÀ.

LA PREMIÈRE CHOSE QU'ON A APPRISE, C'EST QUE LES DEUX COSMONAUTES N'AVAIENT PAS LA GRIPPE. TANT MIEUX, PARCE QUE LEURS FEMMES N'AURAIENT SÛREMENT PAS PU LES REMPLACER.

AH ! LES VOICI !
OK
JE PENSE QUE NOUS ALLONS AVOIR MADRID
YES
À VOUS NEW-YORK
ROGER
ALLO ? APOLLO ?

À LA TÉLÉ, C'ÉTAIT BIEN ORGANISÉ. PARIS ÉTAIT RELIÉ AVEC LE CAP KENNEDY, EN LIAISON AVEC LA NASA À HUSTON, RELAYÉ PAR LE SATELLITE, EN TRANSIT DE MADRID, PAR L'INTERMÉDIAIRE DU 22 À ASNIÈRES.

YES
JE PENSE QUE NOUS ALLONS BIENTÔT VOIR LES DEUX HOMMES
À VOUS APOLLO
ROGER
À VOUS HUSTON
ROGER
OK
DA

QUAND ON A VU LES DEUX COSMONAUTES, ÇA A ÉTÉ UN CHOC TERRIBLE.

À VOUS LE SATELLITE-RELAIS
ROGER
OK
HUSTON ? ALLO HUSTON ?
OUI
SCRROUILLIING-OUIK
ALLO APOLLO
JE PENSE QUE NOUS AVONS DES ENNUIS AVEC MADRID

AU BOUT D'UN MOMENT, ON A PU RECEVOIR DES IMAGES RETRANSMISES DE LA CAPSULE. D'ABORD, LE COSMOS.

ALLO ? APOLLO ?
OK
MADRID EN LIGNE
ROGER
KRIIIK KROOUUIK
À VOUS LA NASA

ENSUITE, LES COSMONAUTES ONT MONTRÉ DES VUES DE LA TERRE, À FAIRE PÂLIR FEU GALILÉE.

YES
OK
À VOUS
APOLLO ?
ROGER
GNOOIIIIK
POUVEZ-VOUS ME FAIRE DEUX PLANCHES POUR DEMAIN ?

PUIS, DES VUES DE LA LUNE, À COUPER LE SOUFFLE À FEU VERNE.

ALLO APOLLO ?
OUI
APOLLO ?
ROGER
OUI. ICI PAULOT
OK
JE PENSE QUE NOUS AVONS DES ENNUIS AVEC HUSTON
PAS PAULOT, APOLLO
AVEC UN H ASPIRÉ
C'EST UNE ERREUR, ICI LÉON

GRÂCE À LA RADIO, LES COSMONAUTES COMMENTAIENT TOUTES CES VUES MAGNIFIQUES.

ALLO ? APOLLO ?
OK
YES - IHOROTIII - OZII - OK - ROGER - YOU - ZIILON THE IVOII - IN THE POCKET. IIZRAI-I- ROGER I-2II-I2 - OK - I2 BICAUZE IV ROGER IIIOIIZ-IZII - ON THE IV-OK - IU ROGER
VERY GOOD
JE PENSE QUE NOUS ALLONS AVOIR MADRID EN LIGNE

UN GRAND MOMENT A ÉTÉ LE RÉVEILLON DANS L'ESPACE.

PLOP
PLOP
BRUT
ROGER
OH TANENBAUM ♫
ICI APOLLO XXIII

APRÈS QUOI, L'UN DES COSMONAUTES A LANCÉ AU MONDE UN VIBRANT MESSAGE DE PAIX UNIVERSELLE.

GNOIIRIG - RD..I- BLO ROGER - YOU ARE IIII - IIIOX VERY GOOD HVZ3 BUT IIIII IU WELL ROGER -I2 IIZII- NOT I-I3- ROGER -IZOII OK IIO APOLLO ROGER

ENSUITE, IL Y A EU QUELQUES EXPÉRIENCES INTÉRESSANTES POUR TESTER LES POSSIBILITÉS DE L'HOMME EN ÉTAT D'APESANTEUR.

BALAYETTE FORCED !
PTONK
WELL, C'EST PAS TOUT ÇA !
LET'S GO
♫ PERDU !
DAMNED
SNAP

L'EXPÉRIENCE SUIVANTE A FAILLI TOURNER À LA CATASTROPHE.

HEUREUSEMENT QUE L'UN DES COSMONAUTES ÉTAIT ORIGINAIRE DU TEXAS.

POUR LE RETOUR, LA CAPSULE EST ARRIVÉE DANS L'ATMOSPHÈRE À UNE VITESSE STUPÉFIANTE.

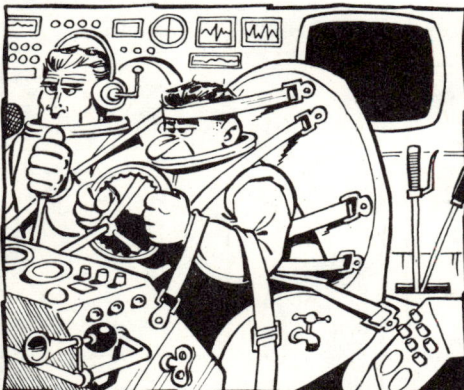

LE SYSTÈME DE FREINAGE ALLAIT-IL SE RÉVÉLER EFFICACE ? SUSPENSE !.. LE MONDE ENTIER EST EN HALEINE.

ROGER

OUI !... IL FONCTIONNE !...

COUPE DE LA CAPSULE, EN COURS DE FREINAGE.

LA CAPSULE A AMERRI À L'ENDROIT EXACT QUI ÉTAIT PRÉVU, PAR UN VENT NORD-NORD-EST, SOUFFLANT À 27 NŒUDS_MER PEU AGITÉE_VAGUES 1 M.28_ EMBRUNS À SIX ET DEMI POUR CENT. (1)

(1)_CE JEU DE MOTS M'A ÉTÉ PRÊTÉ FORT OBLIGEAMMENT PAR FRED.

À PARTIR DE LÀ, LE MONDE ENTIER, SOULAGÉ, ENTRA EN DÉLIRE.

ROGER   ILS SONT LÀ !

ILS SONT ARRIVÉS !

ALLO ? APOLLO ?   OK

ROGER

JE PENSE QUE NOUS ALLONS BIENTÔT AVOIR MADRID

LOI DE LA GRAVITATION

BLOUG   BLOUG
BLOUG   BLOUG

MOMENT ÉMOUVANT ENTRE TOUS, LES DEUX COSMONAUTES METTANT ENFIN LE PIED SUR LA TERRE FERME, APRÈS CETTE FANTASTIQUE AVENTURE.

J'AI VÉRIFIÉ LES RENSEIGNEMENTS QUE M'A FOURNIS MA JEUNE ET CHARMANTE ÉPOUSE. TOUT S'EST PASSÉ EXACTEMENT COMME ELLE ME L'A RACONTÉ, EXCEPTÉ UN DÉTAIL INSIGNIFIANT, IL Y AVAIT 4 COSMONAUTES, ET NON 2. MAIS JE PENSE QUE VOUS VOUS JOINDREZ VOLONTIERS À MOI POUR LUI PARDONNER CETTE ÉTOURDERIE DONT NOUS RIRONS ENSEMBLE.

AH, LES FEMMES !

46 B

LE VERRE, TERRE DE CONTRASTES

L'IMPORTANTE QUESTION DE LA VERRERIE CRISTALLERIE FAISANT ACTUELLEMENT VIBRER LES FOULES, J'AI ÉTÉ SOLLICITÉ PAR LA DIRECTION DE CE JOURNAL POUR MENER UNE ENQUÊTE APPROFONDIE SUR CE PASSIONNANT SUJET. J'AI AUSSITÔT RELEVÉ LE DÉFI ET ME SUIS SÉRIEUSEMENT DOCUMENTÉ.

LE VERRE. QUOI DE PLUS BANAL, À PREMIÈRE VUE ?

MAIS SI L'ON VEUT BIEN Y ATTACHER QUELQUE ATTENTION, ON S'APERÇOIT TRÈS VITE QUE C'EST EFFECTIVEMENT BANAL.

C'EST POURQUOI J'AI PRÉFÉRÉ FAIRE APPEL AU PRÉSIDENT-DIRECTEUR-GÉNÉRAL DE LA SOCIÉTÉ DE VERRERIE DE SAINT-GLINGLING, MONSIEUR EUGÈNE BOUGREDEUX-D'HINGÜE.

MERCI BIEN

ET TOUT D'ABORD, LA SOCIÉTÉ REMERCIE, PAR MA VOIX, LA DIRECTION DE CE JOURNAL QUI L'A AUTORISÉE À INFORMER LE PUBLIC DANS SES PAGES.

QUELLE DIFFÉRENCE Y A-T-IL ENTRE UNE ACTION ET UN JOCKEY ?

MÉFIEZ-VOUS DES OFFRES SPECTACULAIRES QU'ON POURRAIT VOUS FAIRE.

EN EFFET, UNE SOCIÉTÉ COMME LA-NÔTRE, SI MODESTE SOIT-ELLE, (18 ACTIONNAIRES) A BESOIN D'UN CONTACT DIRECT AVEC SA CLIENTÈLE ! OR, CETTE CLIENTÈLE, QUI EST-ELLE, HEIN ?

HEIN ?

QUI ?

JE VOUS LE DEMANDE ?

CETTE CLIENTÈLE, C'EST VOUS !

KLONG KLONG KLONGOLONG

EUH... MONSIEUR LE DIRECTEUR... SI VOUS POUVIEZ AVOIR LE GESTE UN PEU MOINS BRUSQUE... VOUS VENEZ DE CASSER LA VITRE DE NOTRE IMAGE...

JE SUIS DÉSOLÉ... ÇA DOIT ÊTRE DU GOUSSOIS, OU DU SAINT-BOBAIN... PAS SOLIDE, TOUT ÇA...

INCIDENT FÂCHEUX... HUM... JE DISAIS DONC, LE VERRE. LE VERRE, DONC, EXISTE DEPUIS LA PLUS HAUTE ANTIQUITÉ.

VOUS SEREZ GENTIL DE FERMER LA FENÊTRE, IL Y A DES COURANTS D'AIR

LE PREMIER ARCHÉOLOGUE QUI RÉUSSIT À PERCER LE SECRET DE LA GRANDE PYRAMIDE DE CHLOPS EN EUT LA PREUVE EN DÉCOUVRANT LA FAMEUSE SALLE DES TRÉSORS.

SALLE DES TRÉSORS

VB²

LES ANCIENS ÉGYPTIENS AVAIENT DÉJÀ MIS LEURS MERVEILLES SOUS VITRINE.

FLAT

BIEN AVANT L'INDUSTRIE DU VERRE, NOS ANCÊTRES DISPOSAIENT DU CRISTAL, TÉMOIN CETTE FLÛTE À CHAMPAGNE DATANT DE L'ÉPOQUE GAULOISE.

À PROPOS DE CRISTAL, UN DÉTAIL AMUSANT: SI L'ON MOUILLE SON DOIGT...

SLMNM LMNURPP

RÉPONSE: UNE ACTION EST COTÉE EN BOURSE, UN JOCKEY EST BOTTÉ EN COURSE

...ET SI L'ON FROTTE LE BORD DE CETTE FLÛTE, IL SE PRODUIT UN PHÉNOMÈNE ÉTRANGE ET COCASSE TOUT À LA FOIS.

CETTE DEVINETTE A ÉTÉ INVENTÉE DE TOUTE PIÈCE PAR FRED

LE CRISTAL SE MET À VIBRER, PRODUISANT UN SON QUI CORRESPOND AU "LA" NATUREL

LA

CECI EST UN TEST POUR RECONNAÎTRE LE VRAI CRISTAL. SI UN RÉCIPIENT QUELCONQUE PRODUIT UN MI-BÉMOL ARTIFICIEL, C'EST QU'IL N'EST PAS EN CRISTAL.

À PLUS FORTE RAISON S'IL PRODUIT UN SCHLIP

SCHLIP-SCHLIP

ENFIN, LE VERRE FUT REDÉCOUVERT. SA FORMULE EST TROP COMPLIQUÉE POUR ÊTRE DÉVELOPPÉE ICI. SACHEZ SEULEMENT QU'IL SE PRÉSENTE, À L'ORIGINE, SOUS LA FORME D'UNE PÂTE EN FUSION. ON CONNAÎT LES MULTIPLES UTILISATIONS INDUSTRIELLES DU VERRE.

AUTREFOIS, LES BOUTEILLES ÉTAIENT CONFECTIONNÉES À LA BOUCHE PAR DES SOUFFLEURS DE VERRE.

MAÎTRE VERRIER SOUFFLANT DANS UN PETIT TUBE EN VERRE

CE QUI A DONNÉ NAISSANCE À BIEN DES INDUSTRIES CHARMANTES COMME CELLE-CI: DANS DE LA PÂTE DE VERRE EN FUSION, ON JETAIT DES FLOCONS DE COTON ET DES CHALETS-MINIATURES EN VRAC.

PUIS, ON SOUFFLAIT LE VERRE ET L'ON OBTENAIT AINSI CES ADORABLES BIBELOTS, MALHEUREUSEMENT TOMBÉS AUJOURD'HUI EN DÉSUÉTUDE.

ROSEBUD

UNE AUTRE EXPLOITATION ARTISANALE DU VERRE CONSISTE À LE FILER. ON OBTIENT AINSI AVEC DU VERRE FILÉ CES MERVEILLEUSES PETITES FIGURINES QUI FONT LA JOIE DE TOUS.

REMARQUEZ ICI LE MOUTON EN VERRE FILÉ, QUI DONNE LA LAINE DE VERRE

EN APPLIQUANT AU VERRE BRUT UN TRAITEMENT APPROPRIÉ, ON OBTIENT LE MIROIR.

EN APPLIQUANT AU MIROIR UN TRAITEMENT APPROPRIÉ, ON OBTIENT UN RÉSULTAT STUPÉFIANT: D'UN CÔTÉ, C'EST UNE VITRE ORDINAIRE.

ET MAINTENANT, OBSERVEZ BIEN CECI: JE RETOURNE CETTE VITRE. Ô SURPRISE, ELLE DEVIENT UN MIROIR, DANS LEQUEL VOUS POUVEZ VOUS VOIR D'AILLEURS EN CE MOMENT, CHERS LECTEURS DE LA R.A.B.

C'EST À PEINE CROYABLE

VERSION SPÉCIALE POUR LES FILLES:

ET MAINTENANT, OBSERVEZ BIEN CECI: JE RETOURNE CETTE VITRE. Ô SURPRISE, ELLE DEVIENT UN MIROIR, DANS LEQUEL VOUS POUVEZ VOUS VOIR D'AILLEURS EN CE MOMENT, CHÈRES LECTRICES DE LA R.A.B.

IL FAUT AVOIR VU ÇA AU MOINS UNE FOIS DANS SA VIE

VOUS AVEZ DONC PU VOUS RENDRE COMPTE À QUEL POINT LE VERRE EST UN MATÉRIAU NOBLE ET PLEIN DE POSSIBILITÉS. CHERS AMIS, J'AI ÉTÉ RAVI DE PASSER UN MOMENT AVEC VOUS.

AU REVOIR ♪

SCHLIMP

KLONGLONG KLANGLANG LANG ...CAUSERIE DE MONSIEUR EUGÈNE BOUGREDEUX D'HINGÜE, PRÉSIDENT-DIRECTEUR-GÉNÉRAL DE LA SOCIÉTÉ DE VERRERIE DE SAINT-GLINGLING. (DIX-HUIT ACTIONNAIRES)

C'EST BIEN ICI QU'ON A DEMANDÉ UN VITRIER?

OUI, C'EST POUR REMPLACER LA VITRE DE L'IMAGE, LÀ...

PETITE ANNONCE: JE CÈDE BON PRIX - 18 ACTIONS ST. GLINGLING - PARFAIT ÉTAT DE MARCHE - GARANTIE 6 MOIS PIÈCES ET MAIN D'ŒUVRE - M'ÉCRIRE AU JOURNAL

50 B

NOS ANCÊTRES, LES SHADOKS

Ta-ra-ta-ria-ta Ta-ta-ta-ria-ta ta-ta-ta-ria-ta-ta DING-DOLONG-BELENG-BENGELENG-DOLONG-

CE TITRE DE JOURNAL M'A RÉCEMMENT SAUTÉ AUX YEUX, ET IL NE M'EN A PAS FALLU PLUS POUR ESSAYER D'IMAGINER CE QUE SERAIT ASTÉRIX, DESSINÉ PAR L'ÉQUIPE QUI A CRÉÉ LES "SHADOKS" À LA TÉLÉ. ÇA POURRAIT DONNER À PEU PRÈS CECI :

LES SHADOGAULOIS HABITAIENT UN CHARMANT PETIT VILLAGE AU BORD DE LA MER.

ILS ÉTAIENT COMMANDÉS PAR LE GRAND ABRARACOURCOKS.

UN PEU PLUS LOIN, IL Y AVAIT LE CAMP DES GIBIROMAINS.

LES GIBIROMAINS PASSAIENT LEUR TEMPS À FAIRE DES PATROUILLES DANS LA FORÊT.

LES DEUX SHADOGAULOIS LES PLUS CÉLÈBRES ÉTAIENT ASTÉROKS ET OBÉLOKS.

OBÉLOKS ÉTAIT FOLLEMENT ÉPRIS DE LA JEUNE ET JOLIE SHADOGAULOISE FALBALOKS.

EUH... PARDON

LE DRUIDE PANORAMOKS, SHADOGAULOIS TRÈS SAGE, POSSÉDAIT LE SECRET DU COSMOGOL MAGIQUE.

LE COSMOGOL MAGIQUE RENDAIT LES SHADOGAULOIS INVINCIBLES QUAND ILS EN BUVAIENT.

ET LES GIBIROMAINS NE SONGEAIENT QU'À S'APPROPRIER LE SECRET DU COSMOGOL MAGIQUE...

...AFIN D'ÊTRE INVINCIBLES À LEUR TOUR. MAIS ASTÉROKS ET OBÉLOKS NE S'EN SOUCIAIENT GUÈRE.

...ILS ALLAIENT SE PROMENER DANS LA FORÊT ET Y RENCONTRAIENT DES PATROUILLES DE GIBIROMAINS.

33 A

L'EFFICACITÉ DU COSMOGOL MAGIQUE FAISAIT MERVEILLE AU COURS DE CES RENCONTRES.

POUR FÊTER LEUR VICTOIRE, ASTÉROKS ET OBÉLOKS FAISAIENT UN REPAS COMPOSÉ DE SANGLIERS RÔTIS.

LES GIBIROMAINS NE SE DÉCOURAGEAIENT PAS ET CONTINUAIENT LEURS PATROUILLES DANS LA FORÊT.

ET COMME ASTÉROKS ET OBÉLOKS S'Y PROMENAIENT ENCORE, ILS SE RENCONTRAIENT DE NOUVEAU.

ET, UNE FOIS DE PLUS, LES GIBIROMAINS VÉRIFIAIENT LE POUVOIR DU COSMOGOL MAGIQUE.

PUIS, ASTÉROKS ET OBÉLOKS INGURGITAIENT QUELQUES NOUVEAUX SANGLIERS POUR ARROSER ÇA.

TOUJOURS AUSSI TENACES, LES GIBIROMAINS REPRENAIENT LEURS PATROUILLES DANS LA FORÊT, OÙ...

...ASTÉROKS ET OBÉLOKS ALLAIENT SE PROMENER AVEC LA MÊME TÉNACITÉ. NOUVELLE RENCONTRE.

NOUVEAU COMBAT. NOUVELLE OCCASION DE TESTER LES VERTUS DU COSMOGOL MAGIQUE.

À LEUR RETOUR, ASTÉROKS ET OBÉLOKS ÉTAIENT FÊTÉS PAR LES SHADOGAULOIS EN LIESSE.

ET TOUT SE TERMINAIT PAR UN BANQUET AU COURS DUQUEL LA PLUS FRANCHE CORDIALITÉ NE CESSAIT DE REGNER.

Ca - ta - ria - ta - ka - ka - ria - ta - taaa

SERVICE RECHERCHE R.A.B. * VOIX: GOTLIB

C'EST TOUT POUR AUJOURD'HUI.

CO-PRODUCTION: GOSCINNY-BORG-UDERZO-ROUXEL

SANS RANCUNE HEIN, MON VIEUX ?!

BLOR-P. ÂÔTEGN'ON GN'Â⬦GOÏN

ALLEZ! AU-REVOIR!

V⬦:GOÏN⬦⬦
VOLC

VOUS N'HABITERIEZ PAS LE QUARTIER PAR HASARD ?

PIGNOU⬦U'SÂJ'GNOR ♪☼◎※US⬦♪Â⬦ GNOK

33 B

...ET TU ME COMMENTES CE QUE TU FAIS.

D'ACCORD. HUM: LORSQU'UNE SORCIÈRE VEUT ÉLIMINER UNE PERSONNE QUELCONQUE, ELLE PEUT UTILISER LE *PHILTRE DE DISPERSION COSMIQUE.*

EXEMPLE : JE DÉSIRE ÉLIMINER, PAR PURE MALVEILLANCE, UN PRINCE CHARMANT. JE BOIS MON PHILTRE.

OUI...

CE FAISANT, J'ATTIRE EN MOI LES FORCES DU MAL QUI VONT M'HABITER PENDANT LE TEMPS NÉCESSAIRE À L'OPÉRATION.

C'EST EXACT

IL NE ME RESTE PLUS QU'À PROJETER LE FLUIDE MALÉFIQUE DONT JE SUIS IMPRÉGNÉE SUR LE PRINCE CHARMANT EN QUESTION...

PARFAIT

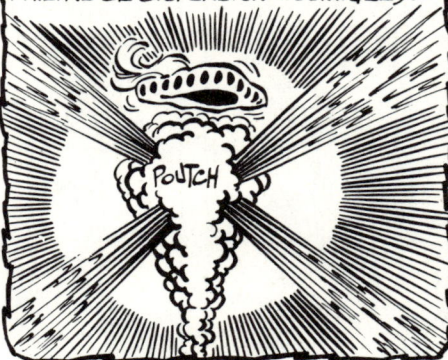

INSTANTANÉMENT, LE PRINCE SE VOLATILISE EN SE DISPERSANT AUX QUATRE COINS DU COSMOS. (D'OÙ LE NOM DE *PHILTRE DE DISPERSION COSMIQUE*).

POUTCH

C'EST TRÈS BIEN EN THÉORIE, CARABETTE. VOYONS MAINTENANT LA PRATIQUE. SUPPOSONS QUE JE SOIS LE PRINCE CHARMANT. UTILISE TON PHILTRE SUR MOI.

MAIS...

... MAIS VOUS ALLEZ VOUS DISPERSER AUX QUATRE COINS DU COSMOS, MADAME CARABOSSE !

ENFANT !

NE SAIS-TU PAS QU'UNE SORCIÈRE EST IMMUNISÉE ? JE ME CONTENTERAI, SOUS L'EFFET DES FORCES MALFAISANTES, DE M'ÉLEVER LÉGÈREMENT AU-DESSUS DU SOL. N'AIE PAS PEUR ! JE NE ME VOLATILISERAI PAS !

AH BON ! J'AIME MIEUX ÇA !

ARF

BOIS SANS CRAINTES, CARABETTE !

GLOUB GLOUB GLOUB

TCHAC

EN PRATIQUE, ÇA N'EST PAS ÇA DU TOUT. UN MAUVAIS DOSAGE A DONNÉ JE NE SAIS QUELLE POTION FARFELUE, TOUT CE QU'ON VEUT MAIS PAS LE PHILTRE. ÇA VAUT 8/20. POUR LA THÉORIE.

JE N'AI JAMAIS ÉTÉ TRÈS FORTE EN PRATIX

OOO

57B

RELATIONS DE BON VOISINAGE

VOILÀ VOILÀ !

TOC TOC TOC

CRAPAUDINE !.. QUELLE SURPRISE !..

JE PASSAIS DANS LE QUARTIER, J'AI PENSÉ VENIR VOUS DIRE UN PETIT BONJOUR, CARABOSSE !..

COMME C'EST GENTIL !

J'ESPÈRE QUE JE NE VOUS DÉRANGE PAS TROP ?

VOUS PLAISANTEZ !.. ENTREZ, ENTREZ !.. ÇA ME FAIT TANT PLAISIR !.. ON SE VOIT SI RAREMENT... ASSEYEZ-VOUS...

VOUS PRENDREZ BIEN UNE PETITE GOUTTE DE MANDRAGORE ?.. MAIS SI !..

ÉCOUTEZ JE SUIS CONFUSE... VOUS ME PRENEZ PAR MON POINT FAIBLE...

FIGUREZ-VOUS QUE J'AI CRU UN MOMENT QUE C'ÉTAIT CETTE PIPELETTE DE GORGONIA !.. JE SUIS BIEN CONTENTE QUE CE SOIT VOUS !..

OH LÀ LÀ !.. GORGONIA !.. NE ME PARLEZ PAS DE CETTE CHIPIE QUI NE PENSE QU'À DÉBINER !.. L'ENFER M'EN PRÉSERVE !..

JE VOIS QUE NOUS SOMMES DU MÊME AVIS, MA CHÈRE !.. GLISSONS !..

HÉ... PAS TROP CARABOSSE !.. ÇA ME MONTE À LA TÊTE !..

GLOU GLOU

OH MAIS VOUS NE CRAIGNEZ RIEN AVEC MA MANDRAGORE ! PENSEZ, JE LA FAIS MOI-MÊME !..

MMHH !.. ÇA SE SENT ! QUELLE DÉLICATE ODEUR FRUITÉE !..

SNIF

C'EST PARCE QUE J'AJOUTE TOUJOURS UN BRIN DE CIGUË À LA MISE EN BOUTEILLE !

AH C'EST DONC ÇA... J'AI BU DE LA MANDRAGORE CHEZ GORGONIA... MA CHÈRE, FRANCHEMENT, AUCUNE COMPARAISON !..

AH CELLE-LÀ !.. POUR LA CUISINE, ZÉRO !..

SLURP

MAIS NE PARLONS PLUS DE CETTE PERSONNE, NOUS SAVONS BIEN TOUTES DEUX CE QU'ELLE VAUT ! ET TENEZ MA PETITE CRAPAUDINE, JE VAIS VOUS MONTRER QUELQUE CHOSE !..

J'AI COMMANDÉ CELA AUX "3 HARPIES" À ROUBAIK...

OH ! QU'EST-CE QUE C'EST QUE ÇA ?..

UN NOUVEAU PHILTRE ! ILS LES FONT EN BOMBES AÉROSOLS, MAINTENANT !..

TENEZ... REGARDEZ...

COMME C'EST PRATIQUE !

ET HOP !

ÇA ALORS !.. ÉTONNANT !.. NON, CE QU'ILS VONT INVENTER, TOUT DE MÊME, AUJOURD'HUI !..

PLOP

GORGONIA M'AVAIT VAGUEMENT PARLÉ DE ÇA MAIS JE NE VOULAIS PAS Y CROIRE, VOUS SAVEZ CE QUE C'EST, ELLE EST SI MENTEUSE...

EH BIEN MA CHÈRE, POUR UNE FOIS, ELLE DISAIT LA VÉRITÉ !

...POUR UNE FOIS !..

QU'EST-CE QU'IL VA TOMBER, DITES-DONC !

JE N'VOUS L'FAIS PAS DIRE, CRAPAUDINE !

GNÈèèè !

RKHéè HKèè !

ELLE DEVAIT ÊTRE MALADE !

GNAKHAA KHRA HRA

HRA

EH BIEN MOI, CHÈRE CARABOSSE, J'AI COMPOSÉ CET ÉLIXIR DONT J'AI RELEVÉ LA RECETTE DANS "LE PETIT ÉCHO DU SABBAT" DU MOIS DERNIER...

REGARDEZ !..

POUÈT-POUÈT

PLIC PLOC

SNIF

OH ! MERVEILLEUX ! VOUS POURRIEZ M'ENVOYER LA RECETTE ?

BIEN ENTENDU, CHÈRE AMIE, MAIS PAS UN MOT À GORGONIA, N'EST-CE PAS ?..

ET PUIS QUOI ENCORE ! POUR QU'ELLE AILLE LA RACONTER À TOUT LE MONDE ? PLUS SOUVENT !..

PLOP

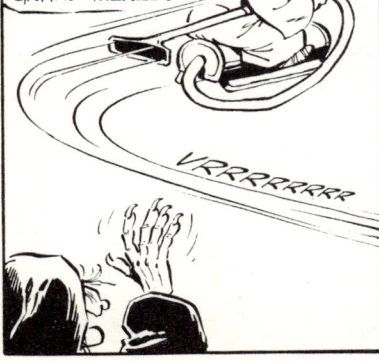

EN FOUILLANT DANS MON GRENIER, J'AI RETROUVÉ UN VIEUX LIVRE DE SCIENCES QUI M'A REPLONGÉ SOUDAIN DANS MON ENFANCE. AH! AVEC QUEL RAVISSEMENT JE FEUILLETAIS AUTREFOIS CE LIVRE MERVEILLEUX! COMME JE ME DÉLECTAIS DE CES GRAVURES SOMPTUEUSES QUI FAISAIENT VAGABONDER MA JEUNE IMAGINATION! ET CES ILLUSTRATIONS GÉNIALES PRENAIENT VIE. JE LEUR DONNAIS DES SUITES ÉTRANGES ET FÉÉRIQUES...

C'EST DANS CES RÊVES FANTASTIQUES QUE J'AIMERAIS VOUS ENTRAÎNER...

LA RUBRIQUE-À-BRAC
LEÇON DE SCIENCES
par GOTLIB

Fig. 9. — Le phylloxera ailé (2 mm.).

Fig. 10. — Lephyl-loxerasansailes (1 mm.).

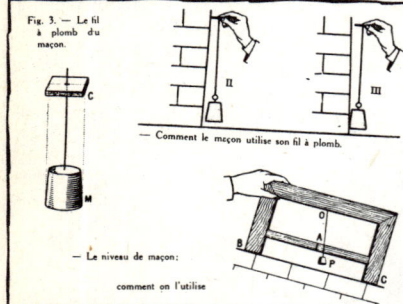

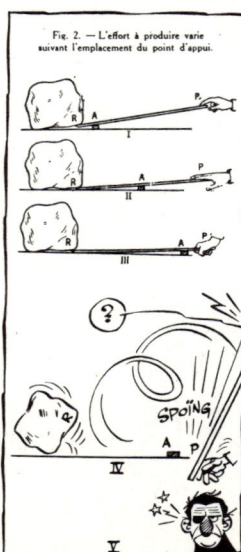

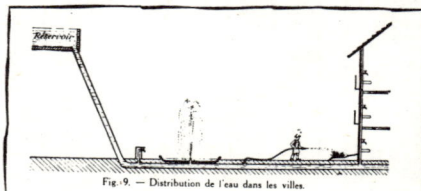

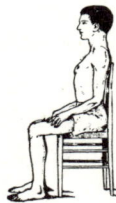

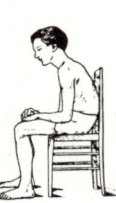

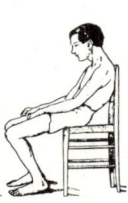

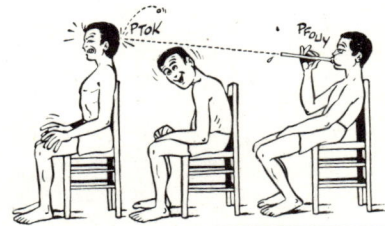

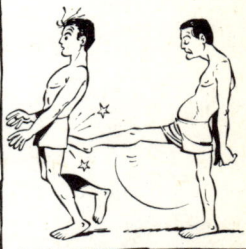

REGLEZ VOS MONTRES SUR LES ANNÉES 70 :

CUISINES INTERNES.

...OU COMMENT MONTRER LA VIE INTERNE D'UN JOURNAL. AVEC PAS MAL DE FAYOTAGE À LA CLÉ. LA PAGE SUR LES MIETTES DE THON PREND RÉSOLUMENT POSITION EN FAVEUR DES ESPÈ-CES ANIMALES EN VOIE D'EXTINCTION.

DANS LE FILM DE TCHERNIA ET GOSCINNY "LE VIAGER", IL Y AVAIT UNE SÉQUENCE OÙ ON EXPLIQUAIT, À L'AIDE DE DESSINS D'EN-FANTS, LE PRINCIPE D'UNE VENTE EN VIAGER. C'EST MOI QUI AVAIS FAIT CES GRAFFITIS ET J'AI LA FIERTÉ DE FIGURER AU GÉNÉRIQUE DU FILM : "DESSINS DU PETIT GOTLIB".

POUR LA PEINE J'AI CONSACRÉ DEUX PAGES AU VIAGER EN ADOPTANT LE PRINCIPE INVERSE. ASTUCIEUX, N'EST-IL PAS ?

MAIS AVANT TOUTES CES SPLENDEURS...

...NOTRE PLACARD PUBLICITAIRE.

ATTENTION !.. L'AUTOMNE ARRIVE, PROTÉGEZ VOS BOIS...
XYLOPHONEZ !

L'AUTOMNE... SAISON DES VERS DE BOIS, TERMITES, ET AUTRES COCHONNERIES DE BESTIOLES QUI ESQUINTENT VOS SI JOLIS MEUBLES.

PLUS JAMAIS ÇA...
...grâce au
XYLO PHONE
SUPER-CONCENTRÉ

EN VENTE DANS TOUTES LES DROGUERIES

WALT GOSCINNY PRÉSENTE...
Pilote-world :
DANS NOS VILLES SURPEUPLÉES, DANS NOTRE MONDE AGITÉ ET MÉCANISÉ, NOUS ASPIRONS TOUS AU BONHEUR ET AU RÊVE... C'EST POUR CELA QUE NOUS AVONS CRÉE... PILOTE-WORLD !
...LE PARC D'ATTRACTIONS PRESQUE LE PLUS GRAND DU MONDE... CAR...
...IL A UNE SUPERFICIE SENSIBLEMENT ÉGALE À CELLE DE DISNEY-WORLD ! 117 FOIS PLUS GRAND QUE DISNEYLAND !
EUH
COMMENT DIRAIS-JE
VOUS TROUVEREZ DANS PILOTE-WORLD, LES PLUS EXTRAORDINAIRES RECONSTITUTIONS HISTORIQUES ET LE MONDE DE L'AVENIR !...
ÇA COMMENCE À ÊTRE ENCOMBRÉ PAR ICI
DES PAYS ÉTRANGES, DES PROVINCES, DES VILLES, DES CAMPAGNES !...DES MILLIONS DE FAMILLES POURRONT ACCÉDER À PILOTE-WORLD !...
PILOTE-WORLD !... LE MONDE FASCINANT, POÉTIQUE ET GIGANTESQUE, DESSERVI PAR DES AUTOROUTES SPÉCIALEMENT CONSTRUITES, VOUS ATTEND ET VOUS ÉMERVEILLERA !...
VOULEZ-VOUS ME PASSER LA BOMBE INSECTICIDE, S'IL VOUS PLAÎT
OUPS... WRONG JOURNAL
C'EST LE COMBLE
BEN ALORS ET MOI ? ON M'OUBLIE LÀ-DEDANS
GOS

... ALORS, IL AMÈNERAIT KARI, QUI, BIEN SÛR, AURAIT FROID...
JE VERRAIS ASSEZ BIEN TALON FAISANT DU SKI, ET...
J'AI PRIS LÀ QUELQUES NOTES...
NON ! C'EST POUR BUCK GALLO, ÇA ! BUCK GALLO, LE ROI DU SKI, ET...
UN AÉROMÉDON : BOMBAX AUX SPORTS D'HIVER SAUVE LA PORTEUSE DE PAIN...
...
TONY LAFLAMME À MEGÈVE !
MESSIEURS ! PAS TOUS À LA FOIS !!
BLUEBERRY À COURCHEVEL !
J'AI PENSÉ À UN TRUC...
TRACASSIN ET LE GRAND SLALOM !
EH ! EH ! UN PILOTORAMA SUR LE SKI !
OH OUI !
EH ! UNE IDÉE ! GASTON AUX SPORTS D'HIVER !
QU'EST-CE QUE VOUS FAITES LÀ, VOUS ?
FLÛTE, JE ME SUIS TRAHI
DRRRIIIING
MESSIEURS ! UN PETIT INSTANT ! TÉLÉPHONE !
MOI, J'AI PENSÉ À UN TRUC...
ALLO ?..
AH !.. BONJOUR MONSIEUR L'ÉDITEUR !
ALORS ? COMMENT ÇA SE PASSE, CETTE RÉUNION ?
ON NE PEUT MIEUX, MONSIEUR L'ÉDITEUR ! NOUS AVONS DÉJÀ PAS MAL D'IDÉES EXCELLENTES !
JUSTEMENT ! JE PARTICIPE EN CE MOMENT À UN PETIT REPAS DE FAMILLE. NOUS DÉGUSTONS DES CHAMPIGNONS. NE PENSEZ-VOUS PAS QU'IL SERAIT INTÉRESSANT, POUR NOS JEUNES LECTEURS DE MIEUX CONNAÎTRE LE CHAMPIGNON ?
AH... OUI... OUI...
JE VOUS DONNE L'IDÉE, HEIN ! À VOUS DE L'EXPLOITER DANS CE NUMÉRO SPÉCIAL !.. JE VOUS LAISSE ! BON TRAVAIL !
LES CHAMPIGNONS DANS UN SPÉCIAL FIN D'ANNÉE !!
CLING
MOI, J'AI PENSÉ À UN TRUC...
LES CHAMPIGNONS ?.. ET PUIS QUOI ENCORE ?!.. NON MAIS IL VA SAVOIR À QUI IL PARLE !!
LA SÉANCE EST LEVÉE...
ALLONS DÎNER.
MOI, J'AI PENSÉ À UN TRUC, ÇA SERAIT DE FAIRE UN DINGODOSSIER QUI MONTRERAIT COMMENT SE PASSENT NOS RÉUNIONS DE RÉDACTION, MAIS C'EST TOUJOURS LES MÊMES QUI CAUSENT, ICI !

LE CHAMPIGNON, CET INCONNU.

SUR UNE IDÉE DE NOTRE ÉDITEUR

EXPLOITÉE PAR GOTLIB

LE NOM DE "CHAMPIGNON" DÉSIGNE DES ESPÈCES VÉGÉTALES APPARTENANT À L'EMBRANCHEMENT DES THALLOPHYTES, AU THALLE À STRUCTURE SIMPLE, SANS CHLOROPHYLLE COMPRENANT LES PARASITES ET LES SAPROPHYTES, D'UNE MANIÈRE GÉNÉRALE, HÉTÉROTROPHES, COMPOSÉES DE PLUSIEURS FILAMENTS CONSTITUANT LE MYCÉLIUM, PARFOIS FRUCTIFÈRE, ET TOUT LE BAZAR. (FIG.1)

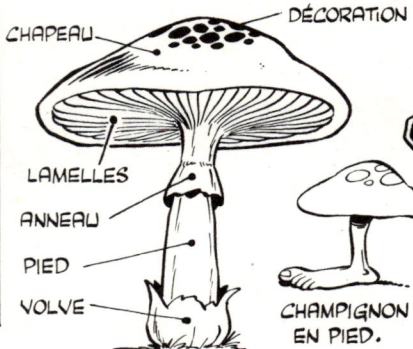

CHAPEAU — DÉCORATION

LAMELLES
ANNEAU
PIED
VOLVE

CHAMPIGNON EN PIED.

FIG1. CHAMPIGNON ADULTE.

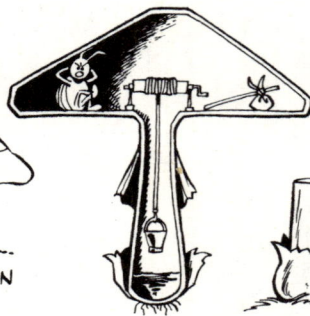

COUPE D'UN CHAMPIGNON.

COUPE D'UN CHAMPIGNON EN TRAVERS.

COUPE D'UN CHAMPIGNON EN BISEAU.

COUPE D'UN CHAMPIGNON, EN VUE DE LA PRÉPARATION D'UNE OMELETTE.

COUPE MELBA CHANTILLY.

REPRODUCTION DU CHAMPIGNON :

DU CHAMPIGNON PARVENU À MATURITÉ (FIG.2) TOMBENT LES SPORES, (FIG.8) GRAINES PLACÉES SOUS LE CHAPEAU. SI ELLES TOMBENT SUR UN TERRAIN FAVORABLE, ELLES GERMENT. ON DISTINGUE LES SPORES MÂLES ET LES SPORES FEMELLES, (FIG.3 et 7) QUI, S'UNISSANT, (FIG.42) DONNENT NAISSANCE À UN MYCÉLIUM SECONDAIRE DESTINÉ À DEVENIR UN CHAMPIGNON ADULTE, FAISANT LE BONHEUR DE SES PARENTS.

FIG.3 - SPORE MÂLE.

FIG.2 - CHAMPIGNON PARVENU À MATURITÉ.

FIG.7 - SPORE FEMELLE.

FIG.8 - SPORES TOMBANT SUR UN TERRAIN FAVORABLE.

FIG.8 bis - CHAMPIGNON DE COURSE À PIED, SUR UN TERRAIN DE SPORE. (FAUT LE FAIRE).

FIG 42 - SPORES MÂLE ET FEMELLE, QUI NE SONT PAS INDIFFÉRENTS L'UN À L'AUTRE. →

FIG.324 ter - ÉCLOSION D'UN JEUNE CHAMPIGNON. (FILMÉE AU RALENTI).

1 2 3 4 FLOP 5 OUIN

FAUSSE ÉCLOSION :

CHAMPIGNONS COMESTIBLES

BOLET.

CHAMPIGNON DE COUCHE.

ÂNE

MORILLE MUNIE DE SON GARROT. (D'OÙ L'EXPRESSION : GARROT-MORILLE).

QUELQUES CHAMPIGNONS MICROSCOPIQUES :
MILDIOU OÏDIUM LEVURE PENICILLINE

CHAMPIGNON DE COUCHE QUI EN TIENT PARTICULIÈREMENT UNE SACRÉE.

PORTRAIT DE L'ÉDITEUR, OFFERT EN PRIME À TOUT LECTEUR DE CETTE PAGE.

CHAMPIGNON MICROSCOPIQUE (GROSSI 1.000.000.000.000.000.000 FOIS). →

CHAMPIGNONS EXOTIQUES

RUSSULE.

BOLET TÊTE DE NÈGRE.

ANNAMITE.

CHAMPIGNONS VÉNÉNEUX OU DANGEREUX

AMANITE PHALLOÏDE.

AMANITE TUE-MOUCHE.

BOLET SATAN.

LES DEUX CHAMPIGNONS LES PLUS DANGEREUX.

CHAMPIGNON PORTE-MANTEAU. CI-DESSOUS : MALAISE PROVOQUÉ PAR SON ABSORPTION.

ÉDITEUR AYANT TROUVÉ UN BEAU CHAMPIGNON.

LE MYSTÈRE DES MIETTES DE THON

ON S'ÉTONNE DU FAIT QUE CERTAINES ESPÈCES ANIMALES SONT EN VOIE D'EXTINCTION. PAR EXEMPLE, LA ROUSTOUFLETTE À CRÊTE MORDORÉE QUI EMPLISSAIT DE SES GAZOUILLIS LES BUISSONS DE NOS BELLES CAMPAGNES AU SIÈCLE DERNIER A PRATIQUEMENT DISPARU. D'AILLEURS, DEMANDEZ À UN PAYSAN DE VOUS PARLER DE LA ROUSTOUFLETTE À CRÊTE MORDORÉE, VOUS VERREZ QU'IL N'EN CONSERVE MÊME PAS LE SOUVENIR.
MAIS CECI N'EST QU'UNE DIGRESSION. POUR EN REVENIR AUX ESPÈCES EN VOIE D'EXTINCTION, ON ÉVOQUE À CE SUJET LA FAMEUSE "SÉLECTION NATURELLE". MAIS ELLE A BON DOS, LA SÉLECTION NATURELLE, COMME L'A PROUVÉ UNE RÉCENTE EXPÉRIENCE RELATÉE ICI EN DÉTAIL.

EN EFFET, TOUT LE MONDE A PU REMARQUER QUE LE MARCHÉ ALIMENTAIRE ÉTAIT, CES DERNIERS TEMPS, INONDÉ DE BOÎTES DE CONSERVE DITES "MIETTES DE THON". OR, ET C'EST LÀ UN FAIT PROUVÉ: IL Y A TOUJOURS AUTANT DE THONS DANS L'OCÉAN. LA QUESTION EST : D'OÙ VIENNENT CES MIETTES ?

MIETTES DE THON à l'huile d'olive vierge

VOILÀ QUI NE LAISSE PAS D'ÊTRE TROUBLANT.

UN GROUPE D'EXPERTS SE RÉUNIT DONC POUR TENTER D'ÉLUCIDER CE FASCINANT MYSTÈRE.

L'UN D'EUX, PRENANT LA PAROLE, POSA LA QUESTION EN TERMES PRÉCIS :

— POUR QUELLES RAISONS MYSTÉRIEUSES ÉPROUVE-T-ON LE BESOIN DE RÉDUIRE LE THON EN MIETTES ?

— CERTES

À QUOI UN SECOND S'EMPRESSA D'AJOUTER :

— CERTES. NE SERAIT-IL PAS AUSSI SIMPLE DE LE LAISSER ENTIER ?

— CERTES

CE QUI ENTRAÎNA CETTE REMARQUE FORT JUSTE D'UN TROISIÈME :

— SI VOUS VOULEZ MON AVIS, IL CONVIENDRAIT DE VÉRIFIER TOUT CELA, LÀ.

— CERTES — CERTES — CERTES — CERTES

— QUOI, CERTES ?

UN QUATRIÈME INTERROGEA ALORS À LA CANTONADE :

— QUELQU'UN AURAIT-IL DU FEU ?

CE QUI N'AVAIT RIEN À VOIR AVEC LE DÉBAT, SAUF SI ON SAIT QU'IL AVAIT OUBLIÉ SON BRIQUET CHEZ LUI. ET ENCORE.

C'EST ALORS QUE NAQUIT L'IDÉE DE CETTE FAMEUSE EXPÉRIENCE. ON SE PROCURA UN CERTAIN NOMBRE DE BOÎTES DE MIETTES DE THON, PROVENANT TOUTES DE LA MÊME FABRIQUE.

— C'EST ICI QU'ON A COMMANDÉ DU THON ?

ON VIDA LE CONTENU DE CES BOÎTES PAR TERRE.

ET ON ENTREPRIT DE RECONSTITUER LES PIÈCES ORIGINALES À PARTIR DESQUELLES ÉTAIENT OBTENUES LES MIETTES EN QUESTION. UN PEU COMME POUR UN PUZZLE.

— C'EST PAS FACILE

— QUELQU'UN A-T-IL LE COMPLÉMENT DE CECI ?

OR, APRÈS ASSEMBLAGE DE TOUTES CES PIÈCES DÉTACHÉES, ON TROUVA CECI :

UN KANGOUROU

UN ORNITHORYNQUE

UN KOALA

UN KIWI

C'EST AINSI QU'ON DÉCOUVRIT LE POT-AUX-ROSES. QU'ON NE S'ÉTONNE PAS, MAINTENANT, DE NE PLUS TROUVER SUR AUCUNE PARTIE DU GLOBE, PRATIQUEMENT, DE KANGOUROUS, D'ORNITHORYNQUES, DE KOALAS ET DE KIWIS. ON SAIT OÙ ILS PASSENT. CAPTURÉS, MASSACRÉS, RÉDUITS EN MIETTES ET VENDUS SOUS L'ÉTIQUETTE "THON". CRIONS BIEN HAUT NOTRE INDIGNATION. ÇA VA PAS, NON. IL FAUT QUE ÇA CESSE. DE QUI SE MOQUE THON. ON NE TROUVE PLUS, MAINTENANT, CES CHARMANTS ANIMAUX QU'EN AUSTRALIE. ET JUSTEMENT, LES AUSTRALIENS NE FONT AUCUN COMMERCE DE MIETTES DE THON. HA HAAA... TOUT DEVIENT CLAIR ! UNE AFFAIRE À SUIVRE.

LE VIAGER EXPLIQUÉ SIMPLEMENT

J'AI VU JOUER "LE VIAGER", RÉALISÉ PAR PIERRE TCHERNIA, ET JE ME SUIS BIEN MARRÉ. C'EST GOSCINNY QUI A ÉCRIT LE SCÉNARIO, ALORS QU'EST-CE QUE J'AI PU ME MARRER! C'EST PAS PARCE QUE C'EST LE DIRECTEUR. UNE FOIS, JE ME SOUVIENS, IL A VOULU M'OFFRIR UNE CIGARETTE BLONDE, EH BEN MOI, J'AI PAS HÉSITÉ. EN FACE, JE LUI AI DIT:"LES BLONDES, J'AIME PAS ÇA!" ET PAN. C'EST POUR DIRE QU'IL A BEAU ÊTRE LE DIRLO, ET TOUT LE BAZAR, GOSCINNY, JE LUI MÂCHE PAS MES MOTS. MAIS POUR"LE VIAGER",LÀ, SANS BLAGUE, JE ME SUIS BIEN MARRÉ. JE NE VAIS PAS VOUS RACONTER LE FILM, ÇA SERAIT DOMMAGE, VOUS N'AURIEZ PLUS LA SURPRISE.OU ALORS, JUSTE UN PETIT BOUT, TIENS... LE DÉBUT:

Sa comence en 1930. Ya un docteur qui ait entrain de un mallade
Ditte 33 — 33 — Docteur sava t pas fort
(il prand le pou) — toc toc

Frète foh — il lui regarde dans le font de la gorge — la lange ma l'air charger — (lampe) — foh

Il lui écoutent les poumon avec un janre de téléfone qu'on écoutent les poumon avec — Ne respirer plut — Mouf

Il lui cogne un coult de martot sur le jonoux — Laisser-vous allé — déconctractez vous — toc

Les réflèxes sont un peu lant — A quil ditte-vous

Tousser fort — Kof Kof Kof

Je voit se que sait — Kof Kof Kof Kof Kof Kof Kof Kof Kof Kof Kof Kof Kof Kof Kof

Lé grave docteur? — Je serait que vous je prendrait ma retraite en tissipèr
(selui-là il a rien a foute ici)

Mais commant que je gagnerai des sous alore? je gagnerai — Vous aver bien quelques petites économies ditte-moi? — hèin — bin voyont — BON BON

Non j'ai pas des économonies j'ai juste une petite maison dans le midit. — Une maison dans le midit? — Tient tient

C'est dans un petit vilage de fraicheur qui ça fèle Saint-Tropèt — (foto)

Le docteur a une idée tairible. — Tilte

Mais ditte-moi, vous navet jamais penser au VIAJER? — Le viajer? non caissé que sait?

suitte

Le viager ? Vous savez pas caisse que sait que le viajer ? C'est très simple UN ADULTE POURRAIT VOUS L'EXPLIQUÉ !

(explication du viager)

SUPPOSONS UN VIEUX TYPE SUR LE DÉCLIN. UN PIED DANS LA TOMBE. RAIDE, FAUCHÉ COMME PAS UN. BON COUP DE POT : IL A UNE CHOUETTE PETITE BARAQUE.

UN GARS ARRIVE ET MATE LA BARAQUE. RÉSIDENCE SECONDAIRE, QU'IL SE DIT, C'ÉXIGUE. HOP, JE VAIS ME LA PAYER "EN VIAGER". VOUS VOYEZ LE TOPO ?

UNE AFFAIRE TERRIBLE ○○○

LE VIEUX VA CANER DANS PEU DE TEMPS !

HIRK HERK HARK HURK

C'EST-À-DIRE QU'IL VA VERSER AU VIEUX PROPRIO UNE "RENTE VIAGÈRE", ET CELA, JUSQU'À LA MORT DE CE DERNIER. NOTEZ QUE LA MAISON NE LUI APPARTIENT PAS ENCORE.

VOUS NOUS ENTERREREZ TOUS, PÉPÈRE !

L'ACHETEUR (DÉBIRENTIER) REFILE DONC DU FRIC AU VENDEUR (CRÉDIRENTIER), AUSSI LONGTEMPS QUE CELUI-CI RESTE VIVANT.

ALORS PÉPÈRE !?! TOUJOURS EN FORME ?!

PLUS LONGTEMPS LE CRÉDIRENTIER MET À CLA-QUER ET PLUS LONGTEMPS LE DÉBIRENTIER Y VA DE SON POGNON. C'EST LA LOI.

ALORS PÉPÈRE !? ON TIENT LE COUP !?

JUSQU'AU JOUR OÙ CLAC...

AAAHH...

MES VIEUX RHUMATISMES DANS LE DOS...

...LE VIEUX CASSE SA PIPE.

AAAAAAAHH.....

COUIC

HÉHO ! ÇA Y EST ! LE VIEUX EST CLAMESÉ

BON DÉBARRAS ! À NOUS LA MAISON ! IL Y A MIS LE TEMPS !

C'EST PAS TROP TÔT !

JERK JERK

(LE MOINS QU'ON PUISSE DIRE EST QUE LE PRINCIPE D'UNE VENTE EN VIAGER EST INFECT. TOUS LES PE-TITS VIEUX QUI, FAUTE DE FRIC, N'ONT MÊME PAS PU CREVER CHEZ EUX RÉCLAMENT VENGEANCE.)

Voilà. C'est ça le viajer. C'est enterressant hein ?

hein ? ?

Penser-zji ! Et vous me prandrez une cuillière a souppe d'huille de foix de morut avant chaque repas

(mersi docteur)

(ordonance)

(il se rabille)

Et vous fête pas de bile ! Vous pouvez ancore vivrent 1 ou 2 zan. Peut-êbre maime 3

Et je pourrait ancore bouffé des tât de broccolit !

chique

CURIEUSE AMBIANCE AUJOURD'HUI

JE M'ARRÊTE LÀ POUR NE PAS TROP DÉFLO-RER LE SUJET. SI VOUS VOULEZ CONNAÎTRE LA SUITE, ALLEZ LE VOIR. JE VOUS RAPPELLE : "LE VIAGER", RÉALISÉ PAR PIERRE TCHERNIA, SCÉNARIO DE TCHERNIA ET GOSCINNY, (ET C'EST PAS PARCE QUE C'EST LE DIRLO). AVEC DES TAS D'ARTISTES : ROSY VARTE, ODETTE LAURE, CLAUDE BRASSEUR, J-P. DARRAS, YVES ROBERT, ETC... ET SURTOUT, MICHEL SERRAULT ET MICHEL GALABRU QUI SONT TOUS LES DEUX COMME ÇA (1), FAITES-MOI CONFIANCE. EN MÊME TEMPS, VOUS AUREZ DES EXPLICATIONS QUANT AU PARTI-PRIS BIZARRE SELON LEQUEL EST BÂTI LA R.A.B. QUE VOUS VENEZ DE LIRE. VOUS COMPRENDREZ TOUT EN UN ÉCLAIR. HA HAAA... BISQUE-BISQUE-RAGE-EU ♪ BEN ALORS ? FONCEZ, QUOI !..

(1)

162-B

ACTUALITÉS D'ÉPOQUE !

EN CES TEMPS RECULÉS, C'ÉTAIT DÉJÀ L'AVENTURE ! AVEC UN GRAND "A" ! UN GRAND TAS DE QUOI ?...
CHAQUE SEMAINE, UNE ÉQUIPE DE GRANDS REPORTERS DE CHOC SILLONNAIT LE MONDE, TRAQUANT FAROUCHEMENT L'ÉVÉNEMENT. UN ORDINATEUR, DE CÉLÈBRE MÉMOIRE, COLLABORAIT À TOUT ÇA.
VOIR CI-DESSOUS ET CI-APRÈS.

COMMUNIQUÉ IMPORTANT !
LISEZ ATTENTIVEMENT CECI

UN ORDINATEUR TÊTU

L'histoire nous est contée par un des tenants de l'Association des Directeurs commerciaux de France.

C'est un de ses amis rouennais qui en fut le héros. Un jour, celui-ci reçut, en provenance d'un service national qui emploie un ordinateur pour sa comptabilisation, une lettre lui réclamant une taxe de 0,000 franc (zéro franc suivi de trois zéros). Estimant qu'il s'agissait d'une erreur, il ne répondit point. Un moins après, lui parvint une circulaire lui rappelant son dû, à nouveau précisé : 0,000 franc.

Il jeta simplement la missive au panier. Encore un mois et c'était un avertissement avant poursuites. S'il ne s'exécutait pas, les foudres de la loi s'abattraient sur lui.

Excédé (et amusé), il envoya un chèque de 0,000 franc. Depuis, il n'a plus été rappelé à l'ordre. Sans doute l'ordinateur n'en demandait pas plus... L'électronique avait imposé sa loi d'airain.

À LA SUITE DE LA PARUTION DE CET ARTICLE DANS UN JOURNAL (QUE NOUS NE NOMMERONS PAS POUR DES RAISONS BIEN COMPRÉHENSIBLES), DES BRUITS MALHONNÊTES ONT COURU, TENDANT À FAIRE CROIRE À L'OPINION PUBLIQUE QUE L'ORDINATEUR EN QUESTION, APPARTENANT AU DIT "SERVICE NATIONAL"...

...N'ÉTAIT AUTRE QUE HAL !..
ALORS LÀ, ET SI NOUS POUVONS NOUS PERMETTRE D'EMPLOYER UNE EXPRESSION TRIVIALE, "C'EST LA MEILLEURE !"

ATTENTION !
NOUS RAPPELONS QUE L'ORDINATEUR "HAL", (QUI DEVENAIT FOU À LA FIN DU FILM "2001 - L'ODYSSÉE DE L'ESPACE") A ÉTÉ RACHETÉ PAR PILOTE, QUI EN EST PAR CONSÉQUENT LE SEUL ET UNIQUE PROPRIÉTAIRE. TOUT AUTRE ORDINATEUR PRÉSENTANT DES SIGNES DE DÉFAILLANCES MENTALES (ET EN PARTICULIER CELUI CITÉ DANS CET ARTICLE) NE SAURAIT ÊTRE QU'UN SIMULATEUR.

L'ÉQUIPE RÉDACTIONNELLE ET ARTISTIQUE DES ACTUALITÉS-PILOTE S'ÉLÈVE AVEC INDIGNATION CONTRE DE TELLES PRATIQUES QU'ELLE JUGE INQUALIFIABLES !

GOTLIB

C'EST NOËL. CETTE FÊTE CONCERNE TOUTE L'ÉQUI-
PE DE PILOTE Y COMPRIS HAL. (L'ORDINATEUR QUI
DEVENAIT FOU À LA FIN DU FILM "2001-L'ODYSSÉE
DE L'ESPACE" ET QUE PILOTE A RACHETÉ À BAS
PRIX). C'EST POURQUOI IL NOUS A SEMBLÉ IN-
TÉRESSANT D'UTILISER HAL, ET CE, DE LA FAÇON
SUIVANTE: NOUS L'AVONS PROGRAMMÉ SUR LE
THÈME DE NOËL: MIRACLE DE LA BELLE NUIT,
BON VIEILLARD, ENFANTS ÉBLOUIS, CHEMINÉE...
ETC...TOUTES LES INFORMATIONS NÉCESSAIRES
LUI ONT ÉTÉ FOURNIES. SES MILLIONS DE CIR-
CUITS ÉLECTRONIQUES SE SONT MIS EN MARCHE,
ET IL NOUS A PONDU LE SCÉNARIO SUIVANT:

L'INCIDENT DE LA NUIT ENCHANTÉE.
SCÉNARIO: HAL ● DESSINS: GOTLIB

HAL NOUS TIRE D'UN MAUVAIS PAS !

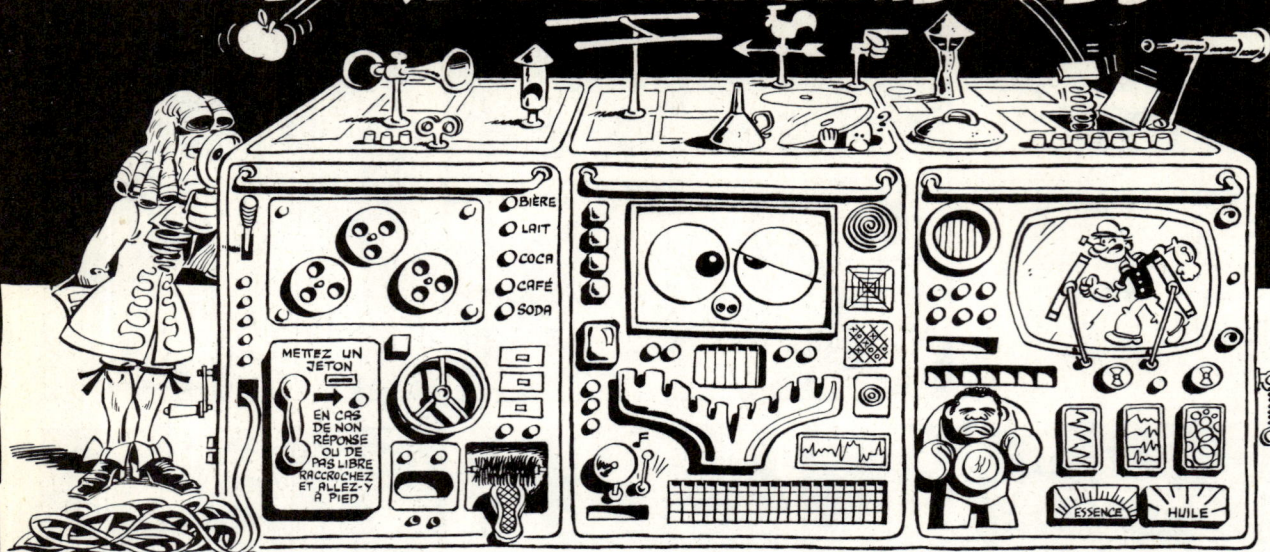

BIÈRE
LAIT
COCA
CAFÉ
SODA

METTEZ UN JETON

EN CAS DE NON RÉPONSE OU DE PAS LIBRE RACCROCHEZ ET ALLEZ-Y À PIED

ESSENCE HUILE

LA SEMAINE DERNIÈRE, HAL A DISPARU DANS L'ESPACE, COMME VOUS VOUS EN SOUVENEZ CERTAINEMENT. MAIS AVANT D'ÊTRE SATELLISÉ, IL NOUS A TIRÉ D'UN BIEN MAUVAIS PAS. EN EFFET, LORS D'UNE RÉUNION DE TRAVAIL PRÉCÉDANT LA FÂCHEUSE MISE SUR ORBITE DE NOTRE ORDINATEUR CHÉRI, GOSCINNY NOUS AVAIT DÉCLARÉ:"LES ENFANTS, C'EST PAS TOUTÇA, IL VA TOUT DE MÊME FALLOIR CONSACRER UNE PAGE DE NOS ACTUALITÉS À LA CRITIQUE DU FILM ASTÉRIX ET CLÉOPÂTRE... QUI S'EN CHARGE?" À CE MOMENT-LÀ, REISER S'EST APERÇU BRUSQUEMENT QUE SON LACET GAUCHE ÉTAIT DÉNOUÉ, FRED S'EST MIS À CONTEMPLER LE PLAFOND EN FAISANT "HUM", GODARD, CHAKIR, ALEXIS, GÉBÉ ET LOB ONT ENTAMÉ UNE FRÉNÉTIQUE PARTIE D'OSSELETS À 5 CENTIMES LE POINT, MANDRYKA ET POPPÉ, PRÉTEXTANT UN RENDEZ-VOUS URGENT ONT OUVERT LA FENÊTRE ET SAUTÉ DANS LA RUE, DU 4ᵉ ÉTAGE, ET MOI-MÊME, JE NE ME SENTAIS PAS TRÈS BIEN. C'EST ALORS QUE QUELQU'UN A SUGGÉRÉ:"ET SI NOUS CHARGIONS HAL DE CETTE TÂCHE?"SITÔT DIT, SITÔT FAIT. LE SIMOUN PRODUIT PAR LES SOUPIRS DE SOULAGEMENT DE L'ASSEMBLÉE FIT S'ÉCROULER UN PAN DE MUR. HAL FUT PROGRAMMÉ ET RENDIT SON VERDICT. AUSSI, CHERS LECTEURS, NOUS AVONS LA FIERTÉ DE VOUS OFFRIR LA PREMIÈRE CRITIQUE CINÉMATOGRAPHIQUE *FAITE PAR UN ORDINATEUR!*

HAL DIT_ ANIMATION TRÈS SOIGNÉE_

MOUVEMENTS BIEN DÉCOMPOSÉS_ RÉUSSITE DU

GENRE_ NOMBREUX GAGS_ ZOPT_ COULEURS

ET DÉCORS SOMPTUEUX_XBZ15_HAL A NOTÉ_

MAGNIFIQUE PALAIS EXOTIQUE_ GENRE TEMPLE_

HAL ANALYSE PERSONNAGES_ BRZKL_AX28_

FAUVE TRÈS DRÔLE_MÉLANGE CRUAUTÉ

HUMOUR_ZZZ_CHTONK_ FAIRE-VALOIR_

GRAND_ GROS_ASPECT PLANTIGRADE_MARCHE

EN SE DANDINANT_ HA HA HA_PERSONNAGE

FÉMININ_ ALLURE ORIENTALE_JOLIE_TILT_♫_WOW_

PERSONNAGE PRINCIPAL_ PETIT BONHOMME_

SYMPATHIQUE_FFF_POP_MUSIQUE COLORÉE ET

JOYEUSE_TRA LA LI ET TRA LA LA_ CE QUE HAL

N'A PAS AIMÉ_ POINTE DE CHAUVINISME_

GNOOOIIIIONG_PR_PR_PR_KLONG_GNA_GNA_GNA_

PERSONNAGE PRINCIPAL TROP TYPIQUEMENT

AMÉRICAIN_ GNOKT_EN RÉSUMÉ_ HAL

CONSEILLE_ FILM À VOIR_ ★★★★_

HAL RAPPELLE_ ZZZ_XXX_PT_PT_PT_

AUTEUR_ WALT DISNEY_

TITRE_ LE LIVRE DE LA JUNGLE_ PROTZ_

HUM

T'ES PAS FOU DE RIRE DANS UN PAREIL MOMENT?!

GOTLIB

BANQUE DE FRANCE

073498541276,25

LE SECRÉTAIRE:

500

LE CAISSIER:

X

CINQ CENTS FRANCS

$\pi = 3,1416$

TOUT CONTREFACTEUR SERA PUNI DES TRAVAUX FORCÉS À PERPÉTUITÉ, D'UNE GRANDE BAFFE DANS LA FIGURE, ET ME CONJUGUERA" JE NE DOIS PAS CONTRE-FACTER LES BILLETS DE BANQUE ", À TOUS LES TEMPS DU SUBJONCTIF.

PHILATÉLISTES, NUMISMATES, COPOCLÉPHILÉS, COLLECTIONNEURS DE TOUTE SORTE ... CETTE PAGE VOUS INTÉRESSE !

À L'OCCASION DE LA PARUTION DU N° 500 DE PILOTE, LA BANQUE DE FRANCE A ÉMIS UN NOUVEAU BILLET DE 500 F. À L'EFFIGIE D'ISAAC NEWTON.

BADGE - OP

PORTE-CLÉS

PILOTE 500 HUM! HUM! FRED FAITES L'HUMOUR PAS LA GUERRE

PILOTE 500

· NOTA · LES BADGES ET LES PORTE-CLÉS SERONT MIS INCES-SEMMENT À LA DISPOSITION DES COLLECTIONNEURS QUI SERONT AVER-TIS PAR VOIE DE PRESSE.

5.00

GOTLIB

POSTES RÉPUBLIQUE FRANÇAISE

EN LIAISON AVEC L'ÉVÈ-NEMENT, L'HÔTEL DES MONNAIES VIENT DE FRAPPER UNE NOUVELLE MÉDAILLE EN ALLIAGE BRONZE-NICKEL-ALUMI-NIUM ÉMAILLÉ, DORÉE SUR TRANCHE PLOMBIÈRE, PESANT 17 ONCES. AVIS AUX AMATEURS !

LE MINISTÈRE DES P. et T. ANNONCE LA PROCHAINE MISE EN CIRCU-LATION D'UN NOUVEAU TIMBRE COM-MÉMORATIF.

& LOI DE LA GRAVITATION UNIVERSELLE ISAAC · NEWTON & ETTESTEREDNI

ATTENTION !

À L'OCCASION DE CE NUMÉRO EXCEPTION-NEL, 500 EXEMPLAIRES DU JOURNAL ONT ÉTÉ TIRÉS : NUMÉROTÉS. SI UN NUMÉRO FIGURE DANS LE CADRE CI-CONTRE, VOUS ÊTES PARMI LES 500 HEUREUX ÉLUS PAR LE SORT ET POSSESSEURS D'UNE PIÈCE DE COLLECTION COTÉE 500 F. À L'ARGUS DE LA BANDE DESSINÉE. (SECTION "ÂGE D'OR") "L'AMICALE POUR LA DISSERTATION SUR L'ART GRAPHIQUE D'INSPIRATION LITTÉRAI-RE"(A.D.A.L.G.I.L.) DOIT VOUS RACHETER CETTE PIÈCE AU PRIX SUS-MENTIONNÉ. OU ALORS, C'EST PAS CHOUETTE DE SA PART.

Cet ouvrage, publié par les éditions DARGAUD, est le 500ᵉ de la collection dirigée par R. GOSCINNY. Il a été achevé d'imprimer le 25 Mai 1969, sur les presses de l'impri-merie PERIODICA, et il est drôlement au poil. EXEMPLAIRE N° 3,1416

LES CHIENS ET LA TÉLÉ

Nouveaux téléspectateurs, les chiens !

● **L'Institut Rockefeller vient d'étudier le comportement de centaines de chiens devant la télé : voici ses conclusions :**

EXEMPLES DE TESTS PRATIQUÉS SUR UN INDIVIDU MOYEN DONT NOUS TAIRONS LE NOM POUR DES RAISONS BIEN COMPRÉHENSIBLES

CERTAINES ÉMISSIONS PROVOQUENT UN INTÉRÊT TRÈS VIF.

RÈGLE GÉNÉRALE : LE CHIEN N'AIME PAS LES FILMS SOUS-TITRÉS.

PAR CONTRE, IL EST TRÈS SENSIBLE AU COMIQUE

AINSI QU'AUX GRANDES DRAMA-TIQUES.

UNE IMAGE TRÈS MOUVEMENTÉE DÉCLENCHE UNE GRANDE AGITATION CHEZ LE TÉLÉSPECTATEUR.

RÉACTION COURANTE DEVANT UNE ÉMISSION MONTRANT UN CONGÉNÈRE.

LES GÉNÉRIQUES À MUSIQUE VIOLENTE PROVOQUENT DES EFFETS PHYSIOLOGIQUES INATTENDUS.

UNE DÉLÉGATION DE TÉLÉSPECTATEURS EST VENUE NOUS TROUVER POUR NOUS PRÉSENTER SON CAHIER DE REVENDICATIONS.

" NOUS VOULONS DES ÉMISSIONS SUR LA BANDE DESSINÉE ", NOUS A-T-ELLE DÉCLARÉ EN SUBSTANCE.

IMPORTANT : ATTENTION AUX TÉLÉVISEURS QUI COLPORTENT LES MICROBES DE LA RAGE.

(VOIR L'ARTICLE DE FRED _ PILOTE ACTUALITÉS Nº 456)

DISQUES PIRATES

QUELQUES TUYAUX POUR IDENTIFIER UN DISQUE PIRATE

ON VOUS LE VEND DE CETTE FAÇON ➡

PSST

(CETTE TECHNIQUE DE VENTE N'A RIEN À VOIR AVEC CELLE EN USAGE POUR DES DISQUES HONNÊTES)

SON PRIX EST SENSIBLEMENT PLUS ÉLEVÉ QUE CELUI D'UN DISQUE NORMAL.

ET ENCORE VOUS Y COUPEZ DE LA T.V.A.

SON ÉTIQUETTE EST BLANCHE. C'EST UN SIGNE FLAGRANT DE LÂCHETÉ. ON VOUS CACHE QUELQUE CHOSE. VOUS N'ACHÈTERIEZ PAS UN CAMEMBERT AU COUVER-CLE BLANC? NON. ALORS? UN DISQUE, C'EST COMME UN CAMEMBERT. IL NE DOIT PAS AVOIR HONTE DE RÉVÉLER SON CONTENU.

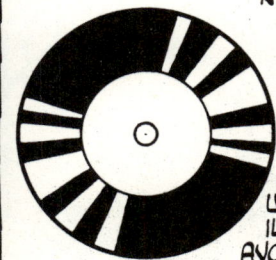

ATTENTION!

LE DISQUE PIRATE COURT LES RUES. IL IMITE ASSEZ BIEN LE VRAI DISQUE. SACHEZ LE DÉPISTER.

SA SONORITÉ LAISSE À DÉSIRER.

IL N'EST PAS ABSOLUMENT PLAT. SON PROFIL PRÉSENTE UNE NETTE VOILURE.

SES SILLONS, VUS À LA LOUPE, SONT UN DÉFI À LA LOI SUR LA RÉPRESSION DE L'IVRESSE PUBLIQUE.

QUAND ON LE TREMPE DANS L'EAU, IL FAIT ÇA

UN DISQUE LÉGAL SOUFFRE AUSSI DE L'HU-MIDITÉ, MAIS PAS TANT QUE ÇA, ÇA ALORS C'EST PAS VRAI, PAS TANT QUE ÇA.

QUAND ON LE CASSE EN DEUX, IL FAIT:

KRATCH

...ALORS QU'UN DISQUE NORMAL FAIT KLONK, C'EST BIEN CONNU.

ENFIN, ET CECI EST UN COMBLE, IL EXISTE DE FAUX DISQUES-PIRATES. OBSERVEZ DE PROFIL LE REBORD DU DIS-QUE. S'IL PRÉSENTE UNE RAINURE,

C'EST UN YO-YO PIRATE ➡

DÉCOUPEZ LE DISQUE EN DEUX DANS LE SENS DE L'ÉPAISSEUR. SI VOUS TROUVEZ UN CADEAU DEDANS, C'EST UN PAQUET DE LESSIVE PIRATE.

SI LE DISQUE EST: CARRÉ AU LIEU D'ÊTRE ROND, BLANC AU LIEU D'ÊTRE NOIR, SI SON ÉTIQUETTE EST NOIRE AU LIEU D'ÊTRE BLANCHE, C'EST UNE PHOTO DE LA LUNE EN NÉGATIF. CE QUI NOUS ÉLOIGNE DE NOTRE SUJET.

CANTONALES À L'AMÉRICAINE
EXCLUSIF!

MONSIEUR URBAIN LEGLANDU, CANDIDAT AU FAUTEUIL DE MAIRE DANS LA PETITE COMMUNE DE SAINTE-CLOTILDE-LE-VAUDOUHÉ (CALVADOS), A DÉCIDÉ DE MENER SA CAMPAGNE ÉLECTORALE **À L'AMÉRICAINE!**

URBAIN LEGLANDU NOUS A DÉCLARÉ : "I AM HAPPY, ACRÉ BON SANG DE BONSOUÈR."

URBAIN LEGLANDU, PHOTOGRAPHIÉ À SON BALCON PENDANT UN DISCOURS (À L'ARRIÈRE PLAN, ON DISTINGUE SES DEUX FIDÈLES GORILLES-GARDES-DU-CORPS).

URBAIN LEGLANDU S'EST ASSURÉ LE CONCOURS DE PERSONNALITÉS LOCALES.

JOSEPH BOUFLARD - GARDE CHAMPÊTRE TAMBOUR-MAJOR.

LES DEMOISELLES DE Ste CLOTILDE DE CHARITÉ - MAJORETTES

LA MAGNIFIQUE JOURNÉE DES "PRIMARIES" DANS LE HAMEAU DE CHAUSSOY-VAUDOUHÉ (PAR Ste CLOTILDE) - SUCCÈS TOTAL.

RIEN N'A ÉTÉ NÉGLIGÉ POUR MENER À BIEN LA CAMPAGNE :

I LIKE LEGLANDU

URBAIN FOR MAYOR

OUI LIKE URBY

URBAIN URBAIN URBAIN URBAIN

URBAIN LEGLANDU, SA FEMME MARY, SES 2 GRANDS FILS JACK ET MATHIEW ET LA PETITE DERNIÈRE, KATHY, DANS L'INTIMITÉ FAMILIALE :

LE SYMBOLE DU PARTI

RETOUR À LA MAISON, APRÈS UNE JOURNÉE DE CAMPAGNE ÉLECTORALE.

LES
BAS-FONDS
DU MONDE
ANIMAL

LOB + Gotlib

Deux spécialistes de la psychologie animale vous font découvrir

LES BAS-FONDS DU MONDE ANIMAL

Un dossier accablant présenté par LOB et GOTLIB

Ce n'est pas sans une profonde amertume que nous vous présentons aujourd'hui ce dossier, car il marque la fin d'un mythe : celui de l'animal innocent, pur et sans tache, n'agissant qu'en fonction des lois naturelles. La vérité est tout autre, hélas ! Les plus récents travaux des zoologistes le prouvent : il y a des animaux qui fument, qui boivent et qui se droguent !...

Nous savons ce que cette révélation peut avoir de bouleversant et de consternant pour tous les amis des bêtes. Nous ne cherchons nullement, pourtant, à discréditer systématiquement à leurs yeux l'ensemble de la population animale. Mais les faits sont là, indéniables, irréfutables : un nombre effarant d'animaux de tout poil pratique d'abominables vices que l'on croyait jusqu'ici réservés aux seuls humains !

● LE DEMON DU TABAC

Dans nos régions, les plus grands fumeurs du monde animal sont les oiseaux, et plus spécialement les corvidés. Lorsque d'un geste négligent vous jetez le mégot de votre cigarette à terre, vous ne vous doutez certes point que cette action banale et apparemment anodine va permettre à un volatile toxicomane d'assouvir sa funeste passion !... En effet, sachez que bien souvent et sans le savoir, vous êtes épié du haut des airs et suivi dans vos déplacements par tout un petit peuple ailé et avide, prompt à « piquer » à votre insu le mégot que vous aurez laissé tomber derrière vous.

La possession du précieux débris fumant donne lieu à d'âpres querelles ! C'est le plus fort ou le plus rusé qui l'emportera, allant savourer sa prise en toute quiétude au sein du nid familial. Ce faisant, il contaminera son foyer en donnant aux jeunes et innocents oisillons le goût pernicieux du tabac... Oui, quelle tabagie que dans ces nids !

Et quelle aubaine, aussi, pour le chasseur ! La fumée lui signalera la présence du gibier, et les oiseaux béatement intoxiqués auront perdu tout réflexe de défense lorsque la main calleuse de l'homme s'abattra inexorablement sur eux !...

Outre l'action néfaste du tabac sur la santé physique et morale de l'oiseau, le nombre croissant de ces volatiles qui se pavanent la cigarette au bec présente un danger certain pour la sylve : nul doute que la plupart des incendies qui ravagent nos forêts soient dus à l'imprudence des oiseaux fumeurs.

Les animaux captifs ne sont pas à l'abri des méfaits du tabac. Il faudrait dénoncer le regrettable laisser-aller de certains établissements zoologiques. N'y voit-on pas fréquemment des chimpanzés griller des cigarettes en toute impunité derrière les barreaux ? On peut se demander comment les quadrumanes réussissent à se procurer ces cigarettes...

Le chimpanzé fumeur et le gardien amateur de bananes. Deux curieux documents pris le même jour au zoo de Vincennes par M. Gotlib. Par quel secret marchandage le singe a-t-il obtenu son paquet de cigarettes ?...

La plupart des animaux font preuve à l'occasion d'une ingéniosité proprement diabolique lorsqu'il s'agit pour eux de satisfaire leurs goûts dépravés. L'un des cas les plus étonnants auquel il nous a été donné d'assister personnellement concerne un éléphant observé en Afrique, dans le Haut-Magombo.

Ce pachyderme fit soudainement irruption dans une plantation de tabac et se mit à piétiner les plants d'herbe à Nicot avec une telle frénésie que nous nous méprîmes sur ses intentions : « Voici un animal raisonnable qui a pris conscience de la nocivité du tabac ! » pensions-nous. « Son œuvre dévastatrice est salutaire ! » Mais nous dûmes bientôt déchanter ! Après qu'il eût ainsi foulé aux pieds les feuilles empoisonnées, les réduisant en de fins débris, quelle ne fut pas notre stupéfaction de voir l'éléphant aspirer les brins de tabac et en bourrer littéralement sa trompe !

Le rusé pachyderme réussit ensuite à se procurer du feu et alla s'installer confortablement à l'ombre d'un palétuvier. Il resta là, prostré pendant des heures, tirant sur sa trompe et aspirant de larges bouffées de fumée qu'il rejetait par les oreilles... Un spectacle que nous ne sommes pas près d'oublier ! De tels égarements ne sont malheureusement pas rares chez les animaux.

Un bel exemple d'aberration animale. Ces clichés saisissants ont été pris par M. Gotlib dans la région du Haut-Magombo en Afrique Equatoriale.

● ALCOOLISME BESTIAL

Séquence réalisée en forêt et au téléobjectif par M. Gotlib.

Qui d'entre nous n'a recueilli au moins une fois dans sa vie un petit oiseau tombé du nid ? Quoi de plus touchant, de plus attendrissant que ce petit être fragile et palpitant rejeté là, semble-t-il, par un destin aveugle et cruel ! Ingénument, nous attribuons sa chute au froid, à la faim, à la fatalité... Comme nous sommes loin de nous douter que, le plus souvent, cette chute intempestive n'est due qu'à l'ivresse résultant d'un grapillage immodéré de raisins trop riches en alcool !... Mais voyez plutôt...

Bouvreuil regagnant le nid conjugal en fin de journée. La lourdeur de son vol indique clairement qu'il est sous l'empire de la boisson.

L'alcool efface l'instinct paternel : le bouvreuil a oublié de rapporter les protéines qui sont indispensables à l'épanouissement des petits.

Bouvreuil offrant à sa famille le triste spectacle de son ébriété. Comportement typique de l'alcoolique : gazouillis incohérent, pitreries douteuses et contorsions grosques du plus mauvais effet...

L'alcool perturbe les précieuses et délicates fonctions gyroscopiques de l'oiseau : d'où vertiges, pertes d'équilibre généralement suivies de chutes.

Le pitoyable volatile est bien vite recueilli par une âme charitable qui s'empressera de le réconforter.

Or, que faisons-nous généralement pour remettre sur pied un oiseau tombé du nid ? Nous lui faisons ingurgiter de l'alcool pour le « remonter ». Si l'animal survit à cette nouvelle dose, il quittera votre demeure plus intoxiqué que jamais ! Et c'est là que nous retrouvons cette ingéniosité commune à tous les dépravés : l'oiseau se souviendra de la façon dont vous l'avez traité.

Soyez sûr qu'il retombera de son nid... Mais, cette fois, volontairement ! Il feindra la syncope dans l'espoir de se faire offrir un petit verre !...

Comme on le voit, l'alcoolisme est fort répandu chez les oiseaux. C'est ce qui explique, par exemple, la gaîté débridée du pinson... En Amérique du Sud, les perroquets dévastent les plantations d'ananas pour s'abreuver du kirsch contenu dans ces fruits. Ailleurs, certains oiseaux sont tellement imbibés d'alcool que leurs œufs contiennent de la liqueur (excellente, au demeurant). Des confiseurs sans scrupule font commerce de ces œufs...

Dans nos basses-cours la situation n'est pas plus brillante. Le coq, animal français par excellence, s'est acquis par ses frasques et ses galants exploits une solide réputation de libertin. Nous fermerions bien volontiers les yeux sur des écarts somme toute bien excusables si nous ne connaissions par ailleurs son vif penchant pour le jus de la treille !

Des psychologues animaliers spécialisés dans l'étude du comportement des gallinacés ont émis l'hypothèse selon laquelle le coq, sous des dehors altiers, dissimulerait un caractère instable et anxieux. Il boirait pour se donner de l'assurance auprès des femelles qui l'entourent...

Il est vrai que la vie à la ferme offre bien des tentations... et bien des occasions à l'animal prédisposé. Il n'est que d'évoquer l'atmosphère lourdement enfiévrée qui règne à la période des vendanges et de la fabrication du vin nouveau ! C'est tout un peuple aviné que nous verrons alors agglutiné autour des cuves et des pressoirs, pataugeant dans le moût et se livrant sans retenue à la plus bestiale des bacchanales ! La « basse-cour » porte son nom !...

Pour en revenir au coq, point n'est besoin de le voir tituber pour juger de son éthylisme ! Les fermiers le savent bien : c'est à sa crête que l'on jauge le coq. En effet, le coq sobre possède une crête d'un blanc immaculé. Qu'il commence à boire et sa crête prendra une vilaine teinte rougeâtre...

L'alcoolisme chez le coq : de gauche à droite : coq à jeun, coq buvant et coq-au-vin, surnommé ainsi à cause de la coloration « lie-de-vin » prise par sa crête après absorption d'alcool.

Sous l'effet de l'alcool le coq néglige son devoir. Le soleil est au zénith mais le coq dissolu est encore assoupi.

● LA JAVA ANIMALE

Mais direz-vous, ces bêtes ne sont pas responsables ! C'est l'homme, son voisinage et sa fréquentation qui les ont contaminées ! Il est effectivement certain que l'influence humaine a trop souvent contribué à la dégradation du monde animal. Cela dit, il ne faut point nous leurrer. Plusieurs observations effectuées en des endroits retirés, là où l'esprit corrupteur de l'Homme n'a jamais posé le pied, font ressortir que de nombreux animaux ne nous ont pas attendus pour s'encanailler et sombrer dans l'éthylisme le plus forcené ! Le texte qui suit en est un exemple frappant. Il s'agit d'un extrait des « Mémoires Africaines », (édité chez Bretzel), ouvrage publié en 1901 par deux célèbres explorateurs Anglo-Saxons, Stanley et Livingroom à qui l'on doit la découverte de nombreuses contrées lointaines.

Deux fameux explorateurs du siècle dernier : Jules Stanley et Joseph Livingroom. Liés par une solide amitié, ils parcoururent ensemble l'Afrique en tous sens.

« ...Nous dormions paisiblement sous nos moustiquaires lorsque, vers le milieu de la nuit, des cris nous éveillèrent brusquement. Nous nous dressâmes aussitôt sur nos séants, prêtant l'oreille...

Une étrange rumeur nous parvenait de la forêt. « By Jove ! s'exclama mon compagnon. Qu'est-ce que c'est ? » Et intrigués, nous bondîmes hors de nos lits d'un commun accord. Dehors, nous nous heurtâmes à Friday, notre guide indigène. Celui-ci arborait une mine inquiète. Nous le pressâmes de questions quant à l'origine de ce tapage nocturne. « Cette nuit, y en avoir java dans la jungle ! » nous dit-il. (« JAVA », appelée aussi « NOUBA » : fête rituelle pratiquée par les sauvages de l'Afrique Equatoriale. Ces « javas » ne sont bien souvent que prétexte à beuveries et ripailles). Nous fîmes part de notre étonnement : aucune tribu, aucun village ne se trouvait à proximité. « Ça y en a pas être java humaine, répondit notre guide. Ça y en a être saison de la marula ! » Et, avec force gestes, il nous expliqua que les marulas étaient des baies poussant dans la forêt. Le jus de ces baies, très alcoolisé, est fort prisé des animaux qui se livrent alors, quand les marulas sont mûres, à de véritables bacchanales forestières ! Selon Friday, c'est ce qui se passait actuellement. « By jove ! » fit mon compagnon. Et nous décidâmes sur le champ de nous rendre sur les lieux de cet étrange sabbat (...)

Après une lente progression dans la jungle sauvage et mystérieuse, nous atteignîmes enfin le but de notre curiosité. Nous dissimulant au cœur d'un épais buisson, nous pûmes contempler à loisir l'étonnant spectacle qui se déroulait à la clarté spectrale de la lune africaine...

Imaginez une vaste clairière où seraient rassemblés tous les animaux de la création ! Du plus humble au plus formidable, l'éléphant charnu côtoyant l'oiseau-mouche, le tigre coudoyant la gazelle, le babouin vert touchant le tapir, la loutre polissonne voisinant avec le toucan musqué, et mille autres encore, réunis là par une passion commune : celle de la marula !.. Et tout ce bestiaire orgiaque rugissait, feulait, glapissait, caquetait, s'agitait et se bousculait, les pattes, le bec ou le museau barbouillés de jus vermeil !

« By jove ! » ne put s'empêcher de s'exclamer mon compagnon devant un tel débordement animal. L'exclamation fit sursauter un couple de lémuriens vivaces qui se gavait à proximité de notre buisson.

L'un d'eux poussa aussitôt un cri d'alarme en nous désignant de sa patte menue à l'assemblée générale. Nous étions découverts ! La forêt devint silencieuse. Les animaux firent cercle autour de nous, fixant de leurs prunelles mordorées les intrus que nous étions... Toute fuite nous était désormais interdite... C'est alors qu'un grand diable de singe s'avança vers nous d'une démarche lourde et titubante. Il tenait dans ses pattes une coque de noix grossièrement creusée. Il se mit à ricaner puis, en un geste de défi, il nous tendit brusquement son récipient empli de jus de marula. Autour de nous le silence se fit plus pesant, les regards plus attentifs... Nous comprîmes que de notre attitude dépendait notre sort. « By jove ! » fit pensivement mon camarade et, après une courte hésitation, nous saisîmes d'un seul mouvement le récipient qui nous était tendu. Un formidable HOURRAH jaillit aussitôt de toutes les poitrines animales !

Nous étions adoptés. La coque fut remplie à nouveau et nous bûmes force coupes de marula additionnée de vin de palme. Nous portâmes de nombreux toasts à sa Majesté la Reine, à l'Angleterre, à l'Afrique, à nos nouveaux amis... Plus tard, ne trouvant plus rien à boire dans la forêt, nous invitâmes les bêtes à venir au camp vider une ou deux bouteilles de « Old Scotch » que nous tenions en réserve dans nos cantines. Les animaux acceptèrent avec enthousiasme et nous réveillâmes les porteurs, leur permettant — une fois n'est pas coutume — de trinquer avec nous. Mon compagnon, qui est d'origine écossaise, entonna quelques jolies ballades qui furent reprises en chœur par les lémuriens. Le sommeil nous surprit peu avant l'aube...

L'astre du jour était déjà haut sur l'horizon africain lorsque nous reprîmes nos esprits. De nombreux animaux gisaient encore çà et là aux abords du camp, dormant d'un sommeil profond dû aux libations de la veille. Nous en profitâmes pour en capturer un grand nombre avant qu'ils ne s'éveillent et disparaissent dans la jungle ».

Les deux inséparables explorateurs ont tenu à fixer le souvenir de la nuit mémorable passée en compagnie des animaux de la forêt en acceptant de se laisser photographier avec quelques-uns d'entre eux. (Documents aimablement prêtés par M. Gotlib et provenant de sa collection personnelle).

● L'ENFER DE LA DROGUE

Après la lecture des pages qui précèdent, d'aucuns croiront naïvement avoir atteint le fond de l'aberration animale. Il n'en est rien, hélas ! Car il existe un autre fléau plus terrible encore que le tabac pernicieux ou l'alcool délétère : c'est la drogue, qui exerce son emprise fascinante et funeste sur une vaste fraction de la société animale. Les animaux, du fait de leur contact permanent avec la nature, connaissent mieux que quiconque les étranges propriétés de certaines plantes et savent fort bien en tirer parti pour leur avilissant plaisir personnel. Combien de racines au pouvoir stupéfiant sont ainsi mâchées dans l'ombre des terriers propices ? A quoi rêvent les phacochères du Mexique, la panse garnie de champignons hallucinogenes ? Que ressent le grand tapir d'orient après sa dose d'acide formique ?...

Les poisons et les moyens utilisés par les animaux pour atteindre à l'extase varient suivant les régions : au Mexique, le serpent Quetzalcoatl qui se nourrit exclusivement d'oiseaux se livre par ailleurs à de bien étranges voluptés. Chaque fois qu'il en a l'occasion, il éprouve un vif plaisir à s'enduire le corps de goudron !

Il n'est de spectacle plus répugnant que de le voir alors se pamer et frétiller à l'extrême au contact de la substance noirâtre et gluante !

Les plumes de ses victimes qui jonchent fréquemment le sol finissent par adhérer au goudron recouvrant son corps de reptile.

Il revêt ainsi un aspect des plus singuliers. D'où le curieux sobriquet de « serpent à plumes » donné au quetzalcoatl par les Mexicains.

L'animal est parfois victime de son environnement... Par une aberration de la Nature elle-même, la seule plante réussissant à s'épanouir sous le climat déprimant du Sahara n'est autre que la redoutable rose des sables. Redoutable à cause des subtiles mais puissantes exhalaisons hallucinogènes qu'elle dégage. En fait, c'est la rose des sables qui produit ces fameux mirages maintes fois chantés par les explorateurs. L'insidieux parfum mirageux n'affecte pas seulement l'Homme. Il ensorcelle également les quelques animaux qui subsistent misérablement en ces contrées désertiques. Subissant journellement les effluves hypnotiques de la rose empoisonnée, le mammifère saharien vit dans un perpétuel mirage. Ceci explique les surprenants accès d'hilarité de la hyène, par exemple. Au zoo, par contre, loin de son milieu «naturel» et de sa flore euphorisante, la hyène perd la gaîté factice qui a fait son renom et ne manifeste pas plus d'hilarité que les autres animaux détenus.

Citons enfin l'action dangereusement contaminatrice d'un curieux insecte du Brésil : le seringueiro, que l'on trouve communément sur les fleurs de l'arbre à came où il pompe le suc de came avec sa trompe. (La came, est-il besoin de le rappeler, est un nectar éminemment toxique). Mais le seringueiro ne se contente pas d'absorber le poison végétal : il contamine d'autres espèces animales en leur injectant de la came au moyen de son dard. Il se produit alors une intoxication suivie d'un phénomène d'accoutumance chez l'animal piqué. Bientôt, celui-ci abandonnant toute dignité recherchera de lui-même la piqûre du seringueiro. C'est ainsi que l'insecte néfaste se trouvera rapidement à la tête d'un véritable troupeau d'épaves sur lequel il régnera en maître...

Un insecte méprisable : le seringueiro pour voyeur de came (Dont la taille est ici réduite de moitié). Vu au repos sur l'image du haut - Le saisissant cliché du bas nous montre le dard aiguisé de l'insecte en position d'attaque. (Photos prises par M. Gotlib au cours d'un voyage en Amazonie).

Nous pourrions citer bien d'autres exemples tout aussi navrants; mieux vaut cependant arrêter là ce triste palmarès. Outre son caractère pénible et difficilement soutenable, une énumération complète des us et coutumes animales en matière de drogue suffirait à remplir un fort volume in-quarto et dépasserait le cadre de cette étude. Voyons plutôt à présent de quelle façon tous ces poisons peuvent influer sur certaines activités spécifiques de l'animal...

● LE DELIRE ARCHITECTURAL

Il semble évident que la drogue affecte profondément le comportement instinctif des animaux. Une confirmation éclatante en a été donnée par des chercheurs américains : ceux-ci ont administré de la caféine, de la mescaline et du L.S.D. à une araignée. L'animal, sous l'influence de chacune de ces drogues, a tissé des toiles différentes de celles qu'il bâtit habituellement. Des photos remarquables ont d'ailleurs été publiées dans des livres et des revues spécialisées (1). Dans un but de vérification scientifique, (une erreur ou une mauvaise interprétation des faits est toujours possible) nous avons pensé qu'il serait intéressant de renouveler cette expérience avec une araignée industrieuse (arachnea tarentula) d'une part, et avec un oiseau (un coucou sédentaire) d'autre part. Les résultats ainsi obtenus sont extrêmement curieux. Mais voyez plutôt...

Voici, telle que nous la connaissons tous, la toile de l'araignée industrieuse. Le tissage en est soigné. Le motif, inchangé depuis des millénaires, est d'une exemplaire sobriété. C'est un parfait modèle de classicisme arachnéen.

Sous l'influence de la caféine, l'araignée devient nerveuse : elle tisse à la hâte, s'embrouille, raccomode et rafistole. Insatisfaite à juste titre, cent fois sur le métier elle remet son ouvrage. Le résultat final reste médiocre.

Sous l'effet de l'alcool l'araignée ressent, tout comme un être humain, une sensation curieuse de dédoublement de la personnalité. Cela ressort de façon évidente dans l'ouvrage qu'elle nous propose ici.

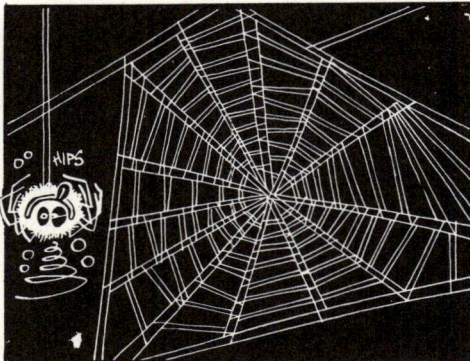

La toile au dessin bizarre mais non dépourvu d'élégance que nous voyons ici a été réalisée par la même araignée intoxiquée cette fois par la télévision.

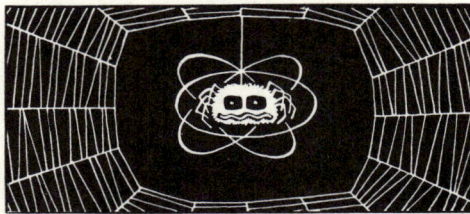

Sous l'influence du L.S.D. l'araignée nous fournit une œuvre de caractère onirique.

L'ensemble reflète un délire logique empreint, semble-t-il, d'un certain mysticisme.

Notons aussi que pour la première fois l'araignée utilise des fils de couleur pour tisser sa toile. Cela traduit indubitablement une intégration accélérée des sensations.

Abandonnons maintenant l'araignée pour aller constater les effets produits par ces diverses drogues sur un autre animal : le coucou. Voici le nid traditionnel et séculaire du coucou de nos forêts. Sous un aspect assez pittoresque, l'architecture de ce nid est purement fonctionnelle et n'a guère varié au cours des siècles.

Sous l'effet de la caféine, le coucou modifie déjà le schéma de sa construction de façon très curieuse. Nous le voyons édifier un nid d'un caractère esthétique discutable, et fort impraticable de surcroît.

L'alcool tue l'instinct bâtisseur du coucou : il se contente d'assembler négligemment des matériaux hétéroclites en un enchevêtrement confus et sans confort...

Avec le L.S.D. nous retrouvons chez le coucou le même délire logique et paranoïaque, la même tendance au mysticisme primaire que nous constatons voici quelques minutes à peine chez l'araignée ! L'expérience est concluante : le caractère artificiel de ces constructions réalisées sous l'influence des drogues n'échappera à personne !

(1) Collection Life (« Le Monde Vivant »), « Le Comportement Animal » par Liko Tinbergen et Science et Vie N° 634.

● LE GESTE QUI TRAHIT

De l'homme à l'amibe, un comportement identique dû à l'alcool. De nombreuses comparaisons entre le comportement animal et le comportement humain, sous l'empire d'une passion commune, ne peuvent manquer de s'imposer à un esprit observateur. L'extraordinaire série de documents présentés ci-dessous et juxtaposés par nos soins sufira amplement à illustrer notre propos.

> J'AI L'IMPRESSION QU'IL MANQUE QUELQUE CHOSE

Le premier document (pris par M. Gotlib dans un débit de boissons de la région parisienne) représente un homo sapiens en état d'ébriété. Il trahit cet état par l'accomplissement d'un geste que l'on pourrait qualifier de rituel tant il est fréquent chez les adeptes de bacchus. Les origines de ce geste demeurent obscures, mais sa signification est peut-être beaucoup plus profonde qu'il n'y paraît à première vue. Ceci semblerait confirmé par les autres photos réunies ici : tous les animaux qui y figurent ont été surpris en état d'ivresse et adoptent la même attitude que celle de l'homme ! Cette filiation gestuelle dans l'éthylisme ne laisse pas d'être troublante...

● LES RACINES DU MAL

Au terme de cette enquête, il nous faut tenter d'expliquer le pourquoi d'un penchant si marqué pour les plaisirs illicites. Qu'est-ce donc qui pousse ainsi nos animaux à boire et à se droguer ? Quelles sont les secrètes motivations d'un comportement aussi attristant ?...

Il est une explication qui vient, non sans raison, immédiatement à l'esprit... N'est-ce pas l'un de nos plus savants zoologistes qui a dit un jour que « l'oisiveté est la mère de tous les vices » ? Il ne s'agissait point là d'une boutade mais d'un fait vérifié chez les humains et vérifiable chez les bêtes. Quantité d'animaux s'adonnant à la drogue et à l'alcool sont des animaux oisifs : animaux sauvages menant une vie insouciante et facile au sein d'une nature luxuriante ; animaux prétendus domestiques, bien souvent livrés à eux-mêmes et disposant de trop de loisirs. Quoiqu'il en soit, le processus est toujours le même : le désœuvrement amène une certaine lassitude qui se traduit alors par une recherche forcenée de sensations nouvelles. A l'inverse, il nous semble assez significatif et tout à fait logique de ne trouver qu'un faible pourcentage de toxicomanes parmi les animaux occupant une fonction déterminée, c'est-à-dire ceux qui travaillent. Peu d'alcooliques et de drogués en effet chez l'animal de labeur, le cheval de trait, le chien de garde, le berger, le chien policier ou le pigeon voyageur. Il est évident que le couple de bœufs qui a passé sa journée sous le joug à bourrer et labourer la terre ne songe guère, le soir venu, à se livrer à des excès frénétiques ! Les membres lourds d'une saine fatigue, il n'aspire qu'au sommeil du juste. Mais, surtout, le travail développe le sens des responsabilités, et un animal conscient de ses responsabilités saura mieux résister à l'appel de la débauche. Nous pourrions citer, par exemple, ces vaches normandes et autres qui se refusent à absorber la moindre goutte d'alcool afin de ne pas dénaturer le lait et le beurre qu'elles sont fières de nous offrir. Voilà qui nous réconcilie avec la gent animale! Cependant, il existe quand même un certain nombre de dépravés parmi les travailleurs animaux. On ne peut donc invoquer l'oisiveté en de tels cas. C'est pourquoi, soucieux de ne pas simplifier à l'extrême, nous sommes allés trouver l'un des grands maîtres de la psychologie animale pour lui demander son opinion. Il s'agit de Lord Greystoke, psychozoologiste britannique, Chairman et Doyen de l'Université de Burroughs. Egalement fondateur et directeur d'un centre de désintoxication pour animaux, Lord Greystoke est par conséquent très au fait du problème qui nous occupe. Pour lui, c'est l'Homme qui est responsable des aberrations animales. Pour étayer cette affirmation le professeur nous a suggéré d'interroger quelques-uns des pensionnaires de son établissement...

● UN DOCUMENT EXCLUSIF: DES ANIMAUX VOUS PARLENT

Ayant vécu de longues années parmi les animaux, Lord Greystoke est passé maître dans l'art de communiquer avec eux. C'est donc par son entremise que nous avons pu nous entretenir avec certaines de ces bêtes. C'est lui également qui a bien voulu nous traduire les réponses faites à nos questions par les intéressés eux-mêmes. Les questions étaient celles-ci : « Pourquoi buvez-vous ? » et « Pourquoi vous droguez-vous ? » Voici les réponses étonnantes que nous avons recueillies...

MOI, C'EST POUR ME DONNER DU COURAGE... CHAQUE ANNÉE, C'EST PAREIL !.. QUAND VIENT L'OUVERTURE DE LA CHASSE, JE DEVIENS NERVEUX, C'EST PLUS FORT QUE MOI !..

ALORS, JE PRENDS DES TRANQUILLISANTS...

MOI, C'EST PAREIL !.. JE PRENDRAIS N'IMPORTE QUOI POUR OUBLIER QUE JE FINIRAI MES JOURS DANS UNE CASSEROLE !

AU DÉBUT, JE BUVAIS POUR ME RÉCHAUFFER QUAND ON M'AVAIT RETIRÉ MA LAINE... ET PUIS VOUS SAVEZ CE QUE C'EST... L'HABITUDE AIDANT...

HIPS

... ET FINIR EN SAC À MAIN OU EN CEINTURE, VOUS TROUVEZ QUE C'EST UN BUT, DANS LA VIE ? MOI AUSSI, J'ESSAIE D'OUBLIER... MAIS L'ALCOOL ME FAIT PLEURER...

SNIF

JE BOIS POUR OUBLIER MÉMÈRE.

MON VICE À MOI, C'EST LE MAZOUT !

ET YOUPI !

LES FEMMES RAFFOLENT DE MA FOURRURE !..

JE SAIS BIEN QU'UN JOUR OU L'AUTRE, ELLES FINIRONT PAR AVOIR MA PEAU !..

C'EST AFFREUX !.. CHAQUE NUIT, JE RÊVE DES ABATTOIRS !.. ALORS... JE ME RÉFUGIE DANS LA DROGUE...

C'EST VRAI, QUOI !.. IL FAUT BIEN RECONNAÎTRE QU'AUJOURD'HUI, IL N'Y A PLUS D'AVENIR POUR NOUS AUTRES, LES BÊTES !.. NOUS SOMMES CONDAMNÉES À DISPARAÎTRE !.. ALORS... POURQUOI NE PAS SE PAYER UN PEU DE BON TEMPS... EN ATTENDANT ?..

TEXTE = LOB - DESSINS = GOTLIB

● CONCLUSION

Nous nous garderons bien d'ajouter un commentaire à ces témoignages. Rappelons toutefois que ces propos n'engagent que la seule responsabilité de leurs auteurs et ne sauraient représenter l'opinion de l'ensemble de la communauté animale.

N'oublions pas non plus que nous avons affaire ici à des animaux malades et corrompus. Nous nous devons d'accueillir leurs réponses avec la plus grande circonspection. Il doit être facile à ceux-là qui pratiquent le vice sous son aspect le plus hideux de jouer les victimes en se déchargeant sur l'homme d'une culpabilité ô combien gênante !... Mais l'on peut également penser avec le professeur Greystoke que l'angoisse animale exprimée ici est réelle et constitue le reflet de notre propre angoisse face à la complexité croissante de la vie moderne. « Comprendre les animaux, c'est mieux nous comprendre nous-mêmes, affirmait non sans raison Lord Greystoke, en nous raccompagnant au terme de notre visite. C'est pourquoi il est important d'établir un dialogue avec eux. La désintoxication n'est qu'un aspect du problème. Ce qui importe par-dessus tout, c'est de rendre à la bête sa dignité animale ».

LA RUBRIQUE-À-BRAC

BLUETTE EN ZONE BLEUE

DANS UN COIN RETIRÉ DE LA ZONE BLEUE, LOIN DU CENTRE TUMULTUEUX DE LA GRANDE CITÉ, À L'ÉCART DU MONDE ET DU BRUIT, IL Y AVAIT UNE FOIS UN PETIT CONTRACTUEL.

GOTLIB

C'ÉTAIT UN MODÈLE DE CONTRACTUEL ! IL NOTAIT SOIGNEUSEMENT LES HEURES D'ARRIVÉE DES VOITURES...

APRÈS AVOIR MANGÉ, IL S'OCCUPAIT AMOUREUSEMENT DE SA COLLECTION DE TIMBRES, TOUT EN DÉGUSTANT UNE CAMOMILLE.

PUIS, IL NOURRISSAIT KIKI, SON POISSON ROUGE, AU MOYEN DE DAPHNIES SÉCHÉES.

À NEUF HEURES TRENTE, APRÈS AVOIR DIT SA PRIÈRE, IL SE COUCHAIT...

...ET REVENAIT PONCTUELLEMENT UNE HEURE ET DEMIE PLUS TARD. GARE ALORS, SI LA VOITURE N'AVAIT PAS BOUGÉ ! ELLE N'Y COUPAIT PAS DE SA CONTRAVENTION !

AH, COMME IL ÉTAIT HEUREUX, LE PETIT CONTRACTUEL, QUAND, DÉLAISSANT SON CARNET À SOUCHES, IL ALLAIT RÉGLER LA CIRCULATION À LA SORTIE DE L'ÉCOLE. UNE PETITE MUSIQUE NAISSAIT DANS SON CŒUR, CEPENDANT QU'IL AIDAIT LES ADORABLES BAMBINS À TRAVERSER LA RUE PLEINE DE DANGERS.

...ET SOMBRAIT DANS UN SOMMEIL PEUPLÉ DE RÊVES PURS OÙ DES ENFANTS, COURANT AUTOUR DE LUI, L'AIDAIENT À METTRE SES CONTRAVENTIONS.

OR, UN MATIN DE PRINTEMPS, UN ÉVÈNEMENT IMPRÉVU VINT TROUBLER CETTE VIE SI BIEN ORDONNÉE. ALORS QUE, EFFECTUANT SA RONDE, IL TOURNAIT L'ANGLE DE LA RUE MARCADET, IL REÇUT UN CHOC VIOLENT.

VLAM

SON SERVICE TERMINÉ, LE PETIT CONTRACTUEL, L'ÂME EN PAIX, S'OFFRAIT UN CACHOU.

PUIS, PLEIN DE LA SATISFACTION QUE DONNE LE TRAVAIL ACCOMPLI, IL REGAGNAIT SON HUMBLE MANSARDE, AU SIXIÈME SOUS LES TOITS.

LÀ, SELON UN RITE IMMUABLE, IL SE PRÉPARAIT UN MODESTE REPAS À BASE D'ŒUFS, DE CONSERVES ET DE YAOURTS.

LÀ, DEVANT LUI, UNE MERVEILLEUSE CRÉATURE VENAIT DE SORTIR DE SON AUTO ET S'ÉLOIGNAIT, TELLE UN OISEAU SORTI DU NID, LAISSANT DERRIÈRE ELLE COMME UNE POUSSIÈRE D'ÉTOILES.

TOP TOP TIP TIP TOP TIP TOP TIP TOP

JAMAIS LE PETIT CONTRACTUEL N'AVAIT VU TANT DE BEAUTÉ EN UNE SEULE FOIS. TOUT ÉBLOUI, IL REPRIT SA TOURNÉE, MAIS SON ESPRIT TROUBLÉ N'ÉTAIT PLUS À LA TÂCHE.

CE SOIR-LÀ, POUR LA PREMIÈRE FOIS DE SA VIE, IL CONNUT L'INSOMNIE. S'ÉTANT COUCHÉ À L'HEURE HABITUELLE, IL MIT CINQ BONNES MINUTES À S'ENDORMIR.

LE LENDEMAIN ET TOUS LES JOURS QUI SUIVIRENT, IL SE POSTA, LE CŒUR BATTANT LA CHAMADE, À L'ANGLE DE LA RUE MARCADET, POUR "LA" REVOIR.

UN BEAU MATIN, IL DUT SE RENDRE À L'ÉVIDENCE : IL ÉTAIT FOLLEMENT ÉPRIS DE LA MYSTÉRIEUSE CRÉATURE.

EXACTEMENT UNE HEURE ET DEMIE APRÈS, (CAR ELLE N'ÉTAIT JAMAIS CONTREVENANTE), UN BRUIT DE TALONS, LÉGER COMME UN RONDO JOUÉ AU CLAVECIN, ANNONÇA SON RETOUR.

TIP TOP TIP TOP TIP TOP TIP TOP

ET LE PETIT CONTRACTUEL CONNUT ALORS LA RÉACTION PROVOQUÉE PAR LA TENDRE MISSIVE.

DEEU QUOYa

APRÈS SON SERVICE, DONC, ENTRE LE CLASSEMENT D'UN 20 CENTIMES, TOGO, NON OBLITÉRÉ, ET LES DAPHNIES DE KIKI, IL DÉCIDA DE LUI AVOUER SON AMOUR, ET CE, PAR LE TRUCHEMENT D'UN BILLET DOUX.

COMME D'HABITUDE, IL SE POSTA, LE LENDEMAIN AU MÊME ENDROIT. L'AUTO ARRIVA. ELLE EN SORTIT. LE FEU AUX TEMPES, IL LAISSA PASSER UN PETIT MOMENT.

TIP TIP TOP TIP TOP TOP

NAAN MAIS QU'EST C'QUE C'EST QU'CE SCANDALE !?!!

NAN MAIS J'L'AVAIS PAS MON DISQUE HEIN ?!? J'L'AVAIS P'T'ÊT'PAS HEIN ?!. TIENS! V'LÀ C'QUE J'EN FAIS D'VOT'CONTREDANSE !!!

CRATCH SCRATCH SCRATCH

LORSQU'ELLE EUT DISPARU, IL SE PRÉCIPITA VERS LA PETITE AUTO...

...GLISSA SUBREPTICEMENT LE MOT DE BILLET SOUS L'ESSUIE-GLACE, ET S'EN RETOURNA PRÉCIPITAMMENT VERS SA CACHETTE...

...OÙ LE CŒUR EMPLI D'UN FOL ESPOIR, IL ATTENDIT LE RETOUR DE CELLE QUI AVAIT AINSI BOULEVERSÉ SON EXISTENCE.

ET DANS UN VROMBISSEMENT DE MOTEUR, LA CRUELLE DISPARUT DANS LES FEUX DU COUCHANT, SANS PLUS SE SOUCIER DU CŒUR QU'ELLE VENAIT DE BRISER. LE VENT ÉPARPILLA LES RESTES DE LA LETTRE D'AMOUR COMME UNE LUGUBRE BISE DE DÉSESPOIR.

VRODOUUUM

LE PETIT CONTRACTUEL MÉDITA LONGUEMENT SUR CETTE AVENTURE, ET EN CONCLUT QU'IL NE S'EN REMETTRAIT JAMAIS. IL DÉCIDA D'ENTRER DANS LES ORDRES, ET FINIT SA VIE DANS LA PIÉTÉ, SOUS LA BURE DES COMPAGNONS RÉPUBLICAINS DE SÉCURITÉ.

IL RESSORT DE CELA QUE DANS LA VIE, IL NE FAUT JAMAIS MÉLANGER LE TRAVAIL ET LA GAUDRIOLE.

3

4

LE COUP DE TÉLÉPHONE QUE JE REÇUS CE JOUR-LÀ ÉTAIT POUR LE MOINS INATTENDU...

DRRIIIING

ALLO - J'ÉCOUTE...

ALLO? MONSIEUR GOTLIB?

LUI-MÊME...

BONJOUR MONSIEUR. ICI LE SERVICE DE LA RECHERCHE DE L'O.R.T.F.

L'O... (GLB)...L'ORTF?

...C'EST CELA...DITES-MOI, POURRIEZ-VOUS PARTICIPER À UNE ÉMISSION DE TÉLÉVISION LE 2?

EUH... EH BIEN...JE PRF...GLMF...IL FAUT QUE JE CONSULTE MON CARNET DE RENDEZ-VOUS...

ALLEZ-Y...JE NE QUITTE PAS...

POM - POPOM POM...

TAGADAP TAGADAP

ALLO?... EUH...JE REGARDE À LA DATE...EUH... LE 2...OUIIII...

OUI?...

...ET JE CONSTATE QUE PAR UN MIRACULEUX HASARD, JE N'AI RIEN DE PRÉVU! JE SUIS DONC À VOTRE DISPOSITION...

PARFAIT! JE COMPTE SUR VOUS...

GRAT

CLONG

C'EST AINSI QU'AU JOUR DIT, JE RETROUVAI, DEVANT LE PORTAIL DE L'AUGUSTE MAISON DE L'O.R.T.F., MES COLLÈGUES DE BUREAU GÉBÉ, FRED ET ALEXIS, ÉGALEMENT CONVIÉS. (ET QUI, PAR UNE FANTASTIQUE COÏNCIDENCE, N'AVAIENT PAS NON PLUS D'AUTRES RENDEZ-VOUS CE JOUR-LÀ.)

ÉLÉGANTS, SÛRS DE NOUS, DÉCONTRACTÉS, NOUS ATTENDÎMES NONCHALAMMENT L'HEURE DU RENDEZ-VOUS, 15 H., POUR ENTRER. EN EFFET, IL N'ÉTAIT QUE 11H30.

OFFICE DE RADIO

À UN MOMENT DONNÉ, NOUS AVONS VU PASSER, TOUT AURÉOLÉ DU PRESTIGE DES VEDETTES, MICHEL ANFROL.

EXTRÊMEMENT SYMPATHIQUE. C'EST VRAI, QU'EST-CE QU'IL EST SYMPATHIQUE, MICHEL ANFROL...TELLEMENT SYMPATHIQUE QUE NOUS AVONS DÉCIDÉ DE NE PLUS LE CHARRIER DANS LES ACTUALITÉS.

ACCUEIL TRÈS CORDIAL DE JEAN FRAPAT, AUTEUR DE L'ÉMISSION, QUI NOUS MET DANS LE BAIN.

ÇA VA LES GARS?

EN FORME?

BIEN! BIEN!

ON VA VOUS MAQUILLER!..VOUS ÊTES UN PEU PÂLICHONS!

AH!

AH!

PUIS, ON NOUS REMET ENTRE LES MAINS D'UNE MAQUILLEUSE.

...ET NOUS VOILÀ FIN PRÊTS POUR AFFRONTER LES CAMÉRAS.

AH, J'OUBLIAIS LES MICROS-CRAVATES, AMUSANTS GADGETS QUE L'ON SE MET AUTOUR DU COU, SOUS LE COL DE LA CHEMISE ET SOUS LA VESTE, DE SORTE QU'IL EST INVISIBLE.

MICRO CACHÉ SOUS LA VESTE

LE FIL EST GLISSÉ DANS LA CEINTURE ... ET DESCEND LE LONG DE LA JAMBE DU PANTALON ... POUR RÉAPPARAÎTRE EN BAS

L'INSTALLATION DU MICRO-CRAVATE NÉCESSITE GÉNÉRALEMENT L'AIDE D'UNE PERSONNE COMPÉTENTE.

LE PLUS DÉLICAT EST DE RETROUVER LE FIL ÉMERGEANT DU BAS DE LA JAMBE DU PANTALON.

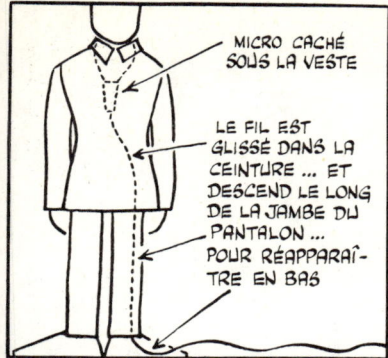

AH... LE VOILÀ...

POUR ALEXIS, IL Y A EU UN PROBLÈME DÛ AU FAIT QU'IL PORTAIT CE JOUR-LÀ UN PANTALON DE LAINE, TRICOTÉ PAR SA FIANCÉE.

FINALEMENT, IL A PU S'ARRANGER AVEC UN CAMÉRAMAN COMPLAISANT ET SERVIABLE.

APRÈS TOUS CES PRÉLIMINAIRES PUREMENT TECHNIQUES, NOUS SOMMES ENTRÉS DANS LE VIF DU SUJET, À SAVOIR L'ÉMISSION PROPREMENT DITE. EN DEUX MOTS, ON NOUS IMPOSAIT UN THÈME GRAPHIQUE TRÈS SIMPLE À PARTIR DUQUEL NOUS DEVIONS IMPROVISER UN DESSIN COMPLÉTANT LEDIT THÈME.
PAR EXEMPLE, CELUI-CI :

?
?
?
?

LA DIFFICULTÉ MAJEURE RÉSIDAIT DANS LE FAIT QU'IL FALLAIT TROUVER TRÈS VITE UNE IDÉE CAR LES CAMÉRAS TOURNAIENT CE QUI EST EXTRÊMEMENT ANGOISSANT.
CI-DESSOUS : GÉBÉ TROUVANT UNE IDÉE EN 5 SECONDES.

CLONG

TIC TAC TIC TAC
1

TIC TAC TIC TAC
2

TIC TAC TIC TAC
3

TAC TAC TIC TIC
4

TAC TIC
5

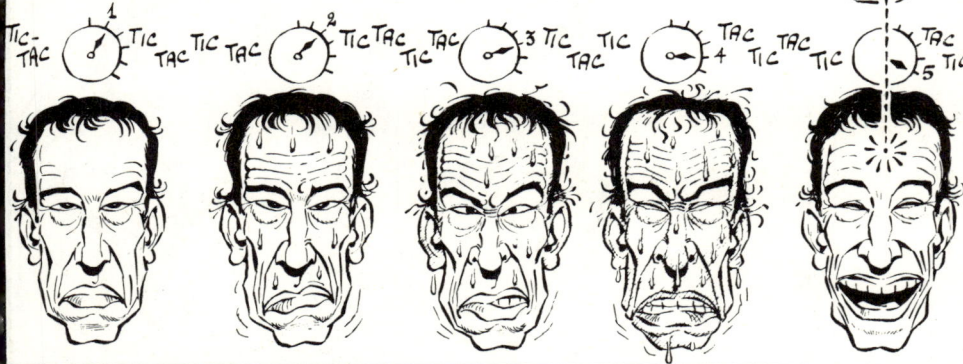

CE FUT UNE JOURNÉE PASSIONNANTE À L'ISSUE DE LAQUELLE NOUS NOUS RETROUVÂMES DANS LA RUE, UN PEU FATIGUÉS.

ÇA VA MIEUX !

OUF!

EH BEN !

HO LÀ! HO LÀ! DOUCEMENT POUR LES AUTOGRAPHES!

DÉJÀ LA GLOIRE...

EH OUI, MON VIEUX ! C'EST ÇA LA TÉLÉ !

NE MANQUEZ PAS "TAC-AU-TAC"... LE JEUDI 2 OCTOBRE SUR LA SECONDE CHAÎNE VERS 22H30

HALTE AU SACCAGE

MES FRÈRES !.. ATTENTION !.. JE VOUS METS EN GARDE !.. LA NATURE EST EN DANGER !.. QUI SONT LES RESPONSABLES ? QUI VIENT AINSI IMPUNÉMENT DÉTRUIRE L'HARMONIE ÉTERNELLE ?.. OSERA-T-ON LE CRIER À LA FACE DU MONDE POUR ÉVEILLER UNE CONSCIENCE UNIVERSELLE EN LÉTHARGIE ?.. MOI, J'OSERAI !.. D'UNE MAIN, JE BRANDIRAI L'ÉTENDARD VENGEUR DE LA DÉNONCIATION, DE L'AUTRE, JE POINTERAI UN DOIGT FLAMBOYANT, ET DE LA TROISIÈME, JE HURLERAI D'UN OEIL IMPITOYABLE : "HALTE !.. VOICI LES ASSASSINS !.."

VOYEZ CE SENTIER CHAMPÊTRE, PLEIN DE SENTEURS EXQUISES, BRUISSANT DE CHANTS D'OISEAUX... VOYEZ CE CAILLOU... LA NATURE L'A MIS LÀ, DANS SON INFINIE SAGESSE... NUL N'A LE DROIT DE TROUBLER CET ORDRE...

MAINTENANT, VOYEZ QUI ARRIVE LÀ... VOYEZ CET ÊTRE ABJECT... PROFANATEUR DE NOS CAMPAGNES... ICONOCLASTE DE NOTRE NATURE...

VOYEZ SON AIR BESTIAL... DANS SES YEUX BRILLE L'IMMONDE LUEUR DES BARBARES DU TEMPS PASSÉ... SA BOUCHE SE TORD EN UN RICTUS DE HAINE.

ET SOUDAIN... SACRILÈGE !.. D'UN COUP DE PIED BLASPHÉMATEUR, CET INDIVIDU DIABOLIQUE DÉTRUIT SANS PLUS DE FAÇONS LA BELLE ORDONNANCE DE LA NATURE !..

BONG

VOILÀ. CE QUE LA PATIENCE DES SIÈCLES AVAIT ÉRIGÉ VIENT D'ÊTRE JETÉ BAS EN UNE SECONDE ! LE CAILLOU N'EST PLUS À SA PLACE : L'ORDRE NATUREL EST BOULEVERSÉ !

MAIS CE N'EST PAS TOUT. INEXORABLEMENT, LE TRISTE SIRE VA CONTINUER SA ROUTE DESTRUCTRICE. SUIVONS-LE ET INDIGNONS-NOUS.

LE VOILÀ QUI, D'UNE MAIN CRIMINELLE AUX DOIGTS AVIDES, ARRACHE SAUVAGEMENT UN BRIN D'HERBE.

CRAC

ET POUR EN FAIRE QUOI, JUSTE CIEL !.. POUR EN FAIRE QUOI ?.. JE VOUS LE DEMANDE !.. POUR LE MÂCHOUILLER DÉGOÛTAMMENT, COMME UN IGNOBLE ANTHROPOPHAGE DE VERDURE QU'IL EST !

SCRONTCH MUNCH SCROM

LE RÉSULTAT FAIT FRÉMIR... PAUVRE VÉGÉTAL, SACCAGÉ, SUCÉ JUSQU'À LA MOELLE, ANÉANTI... FOUTU...

VOICI MAINTENANT NOTRE DÉMON AU BORD DE L'EAU. UNE EAU CALME, PURE, LIMPIDE, INNOCENTE COMME À LA CRÉATION DU MONDE...

ON SE DIT, NON... IL NE VA TOUT DE MÊME PAS LE FAIRE... ET POURTANT... SI, IL LE FAIT !.. L'ABJECT PERSONNAGE CRACHE DANS L'EAU !..

PTOUY PLOF

ET CETTE EAU SI CLAIRE, CETTE RIVIÈRE DE PARADIS, LA VOILÀ POLLUÉE À JAMAIS !.. NATURE... QU'AS-TU DONC FAIT POUR ÊTRE TRAITÉE DE LA SORTE !?..

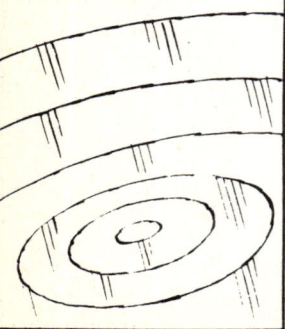

MAIS SOUDAIN, VOICI QUE LA MONSTRUEUSE ERRANCE DU TRISTE SIRE ARRIVE À SON TERME... MAIGRE RÉPIT... CAR LÀ... HIDEUSEMENT TAPIE SOUS LES FRONDAISONS L'ATTEND... SA REPOUSSANTE ACOLYTE...

ET POUR FÊTER CES RETROUVAILLES, LE PREMIER GESTE DE CET ÊTRE INNOMMABLE N'EST-IL PAS D'IMMOLER QUELQUES INNOCENTES FLEURS... ET C'EST COMME S'IL ARRACHAIT CES INNOCENTES TIGES À NOS COEURS...

KRATCH

ET L'AUTRE... L'AUTRE... ACCEPTE CE PRÉSENT SACRILÈGE... TENDANT SES PATTES CROCHUES VERS CES FLEURS, DÉSORMAIS MAUDITES... À QUELLES HORRIBLES MESSES NOIRES, DONT L'ÉVOCATION SEULE REND FOU, SERVIRONT-ELLES ?..

95-F

APRÈS QUOI, IL N'Y A PLUS DE MOTS POUR DÉCRIRE L'HORREUR DES SCÈNES. PARMI LES FLEURS ASSASSINÉES, CE MONSTRE EN CHOISIT UNE ... LA PLUS HUMBLE ... LA PLUS EFFACÉE ...

...CELLE QUI PEUT LE MOINS SE DÉFEN-DRE ... ET ... SATANIQUEMENT...IL PROFANE CE PAUVRE CADAVRE...

KRAAAK KRATCH KRRAATCH

...SES DOIGTS DÉMONIAQUES DÉCHIQUET-TENT LES FRAGILES PÉTALES, LES DIS-PERSANT AUX QUATRE VENTS ...

SKRAATCH

IL NE RESTE BIENTÔT PLUS, DE LA TIMIDE PÂQUERETTE, QU'UN SQUELETTE DÉRISOIRE... CACHONS-NOUS LES YEUX !..

ET ÇA CONTINUE. ÇA PARAÎT IMPOSSI-BLE ET POURTANT, ÇA CONTINUE !.. CET ÊTRE, CE MISÉRABLE FOUILLE ODIEUSEMENT DANS SA POCHE.

...IL EN TIRE UNE LAME ... FROIDE ... MENAÇANTE ... UN ÉCLAIR BLEUTÉ, MÉTALLIQUE, JAILLIT UN INSTANT DANS LE SOLEIL ...

L'HOLOCAUSTE EST DÉSIGNÉ... UN ARBRE, PLUSIEURS FOIS CENTENAIRE, ET SOUS LEQUEL, PEUT-ÊTRE, QUEL-QUE GLORIEUX MONARQUE DE NOTRE ILLUSTRE HISTOIRE A AUTREFOIS RENDU JUSTICE...

TCHAC TCHAC

...ET C'EN EST FAIT. SUR LE TRONC VÉNÉRABLE, FOUILLÉ PAR L'ACIER IMPLACABLE, EST GRAVÉ À JAMAIS ON NE SAIT QUEL MONSTRUEUX SI-GNE CABALISTIQUE. ET LA SÈVE DU GÉANT PROFANÉ COULE COMME AU-TANT DE LARMES DE DÉSESPOIR...

PLUS LOIN S'ÉTEND UN TAPIS D'HERBE QUE LA NATURE, JOUR APRÈS JOUR, A PATIEMMENT TISSÉ AU FIL DES SIÈ-CLES. SADIQUEMENT, IL EST PIÉTINÉ, ÉCRASÉ, ÉTOUFFÉ.

PARFOIS, POURTANT, INTERVIENT UNE JUSTICE IMMANENTE. LE BRAS SÉCU-LIER S'ABAT IMPITOYABLEMENT.

MAIS LES FOURMIS, VIGILANTES SEN-TINELLES DE NOTRE SOL, SONT TROP RAREMENT PRÉSENTES ...ET QUAND LES DEUX ATTILAS QUITTENT CE LIEU, LA PLUPART DU TEMPS...

...ILS Y ONT LAISSÉ LEUR MARQUE, COMME AU FER ROUGE, ET L'HERBE N'Y REPOUSSERA PLUS. OU À PEI-NE. COUVRONS-NOUS LA TÊTE DE CENDRES.

DERNIÈRES NOUVELLES. NON CONTENT DE BOULEVERSER L'ORDRE DES CHO-SES, D'ARRACHER, DE PIÉTINER L'HER-BE, DE POLLUER LES EAUX, DE SAC-CAGER LES FLEURS...

...CET ÊTRE INNOMMABLE, QU'AUCUNE TURPITUDE,SEMBLE-T-IL, NE SAURAIT ARRÊTER, A MÊME CONÇU,MAINTENANT, LE PROJET : D'ALLER DÉCROCHER LA LUNE !..

OUI ! VOUS AVEZ BIEN LU! AUSSI, IL CONVIENT D'OBSERVER DORÉNAVANT LA PLUS GRANDE VIGILANCE CAR, ON NE SAIT JAMAIS... ÇA PEUT RÉUSSIR.

**BREF, EN UN MOT COMME EN CENT, SI NOUS VOULONS SAUVEGARDER LA NATURE, IL FAUT ENTREPRENDRE UNE SAINTE CROISA-DE CONTRE CEUX QUI, JOUR APRÈS JOUR, N'ONT QU'UN BUT SACRILÈGE: LA DÉTRUIRE !.. ENFOURCHONS NOS VAILLANTS DES-TRIERS ET SUS AUX AMOUREUX !
COLONEL GOTLIB PRÉSIDENT DE LA LIGUE POUR LA SAUVEGARDE DE LA NATURE.**

L'ART D'UTILISER LES RESTES

VOS PARENTS SONT SORTIS. "IL RESTE DU RAGOÛT DANS LE RÉFRIGÉRATEUR, VOUS ONT-ILS DIT. IL Y A AUSSI UN ŒUF DUR, UN ŒUF FRAIS, DU PAIN, DES VERMICELLES, ET UNE POMME. TU SAURAS TE DÉBROUILLER ?."

GRAT

BIEN SÛR, PUISQUE NOUS SOMMES LÀ !!

RECETTE SIMPLE : LE SANDWICH AU RAGOÛT. COUPEZ LE PAIN EN LONG, ET VERSEZ SOIGNEUSEMENT LE RAGOÛT FROID DESSUS.

PENDANT QUE VOUS ESSAYEREZ DE NETTOYER, METTEZ LA CASSEROLE SUR LE FEU, POUR AVOIR ...

DU RAGOÛT CHAUD !

QUAND VOUS VERREZ UN PEU DE FUMÉE NOIRE SORTIR DE LA CASSEROLE ...

... C'EST QUE VOTRE RAGOÛT CHAUD BRÛLE

VERSEZ ALORS LA PARTIE QUI N'A PAS ATTACHÉ DANS D'AUTRES RÉCIPIENTS.

... SI VOUS TROUVEZ QUE C'EST FADE ...

POUT POUT POUT

MNIUM MNIUM

AJOUTEZ DES VERMICELLES POUR FAIRE UN RAGOÛT ITALIEN, OU : "RAGOTTO"

LES VERMICELLES GONFLENT À LA CUISSON

NE VOUS AF-FO-LEZ PAS.

DÉVERSEZ LE TROP-PLEIN DANS D'AUTRES RÉCIPIENTS.

TAAA-LA LI-LOM

BLB BLOB BLUB BLUB BLUB BLUB

LES GARS DE LA NARINE

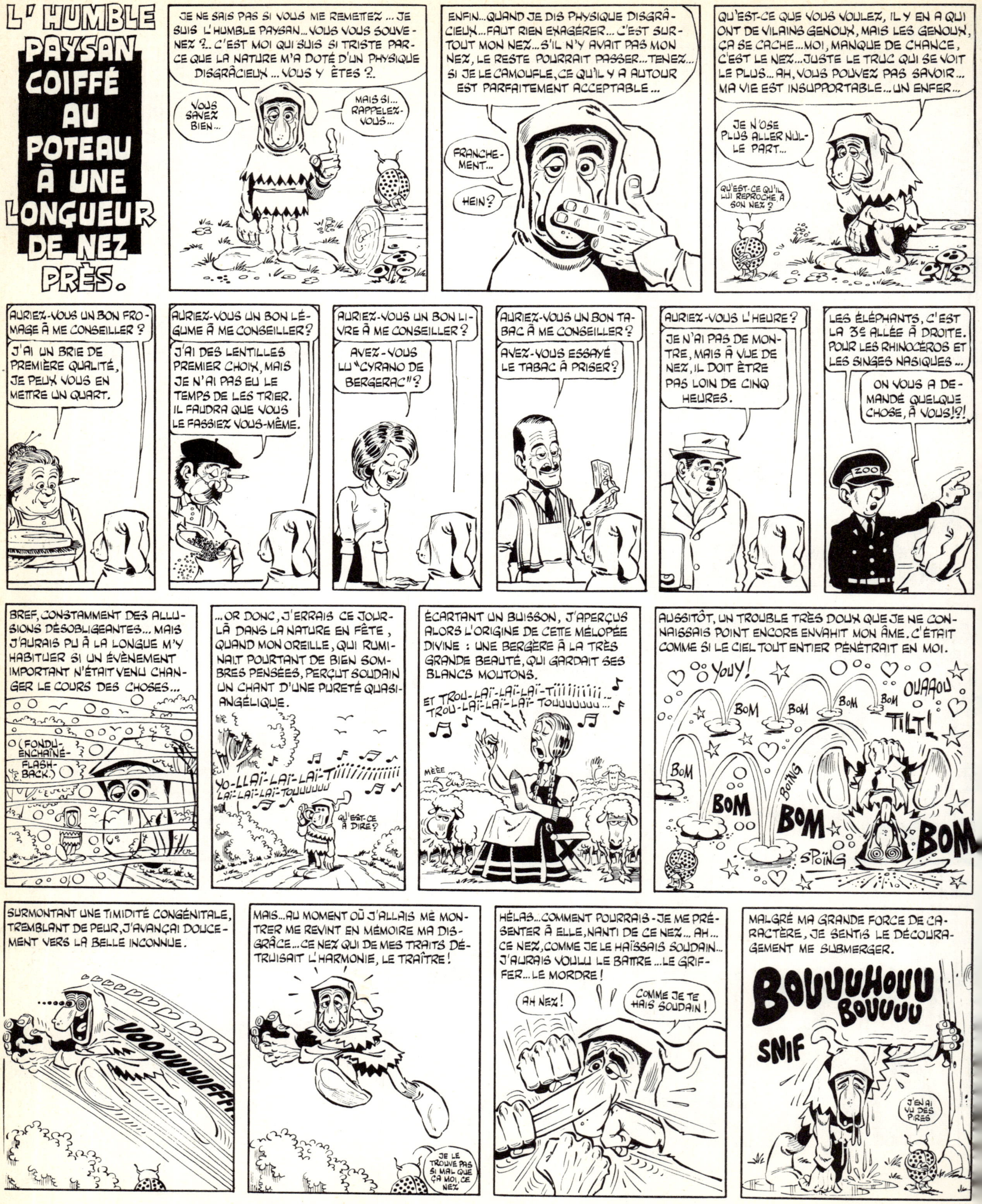

MAIS JE ME REPRIS TRÈS VITE. EN UN ÉCLAIR, MA DÉCISION FUT PRISE.

...ET CETTE DÉCISION, JE LA METS À EXÉCUTION PAS PLUS TARD QUE TOUT DE SUITE !..

(FONDU-ENCHAÎNÉ RETOUR AU PRÉSENT).

HÉHO, ON N'Y VOIT PLUS RIEN, ICI !

CLINIQUE DE CHIRURGIE ESTHÉTIQUE

PLUS JE REGARDE CE NEZ ET PLUS IL ME PLAÎT

DOCTEUR, J'AIMERAIS ME FAIRE RECTIFIER LE NEZ. J'AI CONSULTÉ VOTRE CATALOGUE ET CE MODÈLE ME PLAÎT ASSEZ.

PARFAIT, JE VOIS. C'EST LE MODÈLE "APOLLON", MONSIEUR A BON GOÛT, C'EST CELUI QUE J'AI MOI-MÊME CHOISI.

EUH... SEULEMENT, IL FAUDRAIT QUE VOUS FASSIEZ ASSEZ VITE, JE SUIS ASSEZ PRESSÉ...

RIEN DE PLUS FACILE, CHER MONSIEUR... SI VOUS VOULEZ BIEN ME SUIVRE DANS LA SALLE D'OPÉRATION...

ÇA NE VA PAS ME FAIRE MAL, AU MOINS, HEIN, DOCTEUR?

MAIS NON MAIS NON... DÉCONTRACTEZ-VOUS...

ANES- THÉSIE !

PEU APRÈS...

ET VOILÀ LE RÉSULTAT !..

ÇA ALORS !

ET MAINTENANT, À NOUS DEUX, BERGÈRE MA MIE !

PFOUU QUELLE HORREUR

ET L'HUMBLE PAYSAN, PRÉCÉDÉ DE SON MERVEILLEUX NOUVEAU NEZ DONT IL N'AVAIT PLUS À ROUGIR, COURUT RETROUVER LA BELLE INCONNUE.

ON VA VOIR CE QU'ON VA VOIR !

MAIS AU MOMENT OÙ IL ALLAIT SE MONTRER, UN SPECTACLE INATTENDU LE STOPPA NET DANS SON ÉLAN...

...EH OUI... IL N'AVAIT PAS PRÉVU ÇA... ET POURTANT, N'ÉTAIT-CE PAS LE COUP CLASSIQUE ?.. LE PRINCE AMOUREUX DE LA BERGÈRE ?..

ÇA ALORS, C'EST TROP BÊTE.

VROUM

SNIF

J'AI L'AIR FIN, OUI...

C'ÉTAIT BIEN LA PEINE DE ME FAIRE RECTIFIER LE NEZ...

AU PRIX QUE ÇA M'A COÛTÉ...

PFF

JE VOIS PAS CE QU'IL LUI TROUVE DE BIEN À CE NOUVEAU NEZ

QUE VOULEZ VOUS AJOUTER D'AUTRE...QUAND LA POISSE VOUS POURSUIT, IL N'Y A RIEN À FAIRE, QUELLE QUE SOIT LA FORME DU NEZ...

QUANT À LA BERGÈRE, ELLE ÉPOUSA LE PRINCE ET COMME DANS TOUTES LES HISTOIRES...

...ILS FURENT HEUREUX ET EURENT BEAUCOUP D'ENFANTS.

MOI J'AIMAIS AUTANT L'AUTRE

PLAGE PARADE

AP-PROCHEZ APPROCHEZ MESDAMES ET MESSIEURS ENTREZ ENTREZ PAR ICI

ENTREZ ! ENTREZ !.. VENEZ VOIR NOTRE SPECTACLE UNIQUE... AVANCEZ !.. AVANCEZ !.. L'ENTRÉE EST AB-SO-LU-MENT... GRATUITE... ET... DEMI-TARIF POUR LES MILITAIRES ET BONNES D'ENFANTS !.. LE RIDEAU S'OUVRE SUR UN DÉCOR INOUBLIABLE DE CIEL BLEU ET DE MER VERTE !..

CLAC

APP-PROCHEZ - APP-PROCHEZ - SUIVEZ - SUIVEZ !.. VOICI NOTRE **PYRAMIDE HUMAINE !** UN NUMÉRO ORIGINAL ET RENOUVELANT LE GENRE !

PRENEZ VOS PLACES - PRENEZ VOS BILLETS !.. ENTREZ ! ENTREZ !.. LA MER EST LÀ QUI VOUS ATTEND !.. VENEZ TOUS !.. ENTREZ !.. PLONGEZ !.. NAGEZ !.. IL Y A DE LA PLACE POUR TOUT LE MONDE !!

BANG
PROUT

VOICI **L'HOMME-POUMON !** IL SOUFFLE... IL GONFLE... IL EST INÉPUISABLE... IL VOUS SUBJUGUERA ! **ENTREZ - ENTREZ !**

PCHH PCHH
PFOUUUU
PCHH
PCH-PCH PCH

...ET NOUS CONTINUONS NOTRE PROMENADE !! **PAR ICI SUIVEZ SUIVEZ !**

VOICI NOTRE **ATHLÈTE** *100%* **BRONZÉ** *100%* **PLAY-BOY** *100%* **MAÎTRE NAGEUR**

PARICI PARICI PARICI PARICI ENTREZ ENTREZ

VOICI NOTRE **FANTAISISTE** DANS SON DÉSOPILANT NUMÉRO **D'IMITATION !**
...ET DES MESURES TRÈS STRICTES ONT ÉTÉ PRISES... (POIL AUX DENTS)
...EN VUE DE FAVORISER L'ÉTALEMENT DES VACANCES ! (DE CH'VAL)

PENDANT LE SPECTACLE : BAR - RESTAURANT - MOBILE - BUFFET - PERMANENT !
CACAHOUÈTES
BONBONS
CHIPS
CRÊPES
COUS-COUS
PAËLLA
CHOCOLATS GLACÉS
CHEWING-GUM
POULET FROID
ESQUIMAUX
GAUFRES
SUCETTES
PLATS GARNIS

ET CE N'EST **PAS TOUT !** D'AUTRES **SURPRISES VOUS ATTENDENT ENCORE PAR ICI** SUIVEZ SUIVEZ SUIVEZ SUIVEZ SUIVEZ

VOUS VERREZ AUSSI NOTRE REINE DE LA PLAGE DANS SON FANTASTIQUE NUMÉRO DE STRIP BRONZAGE À VOUS COUPER LE SOUFFLE

ENTREZ-ENTREZ PRENEZ VOS PLACES - PRENEZ VOS BILLETS !.. PLUS IL Y A DE MONDE, PLUS IL Y A DE PLACE !.. ENTREZ !..

VENEZ VOIR LES AHURY BROTHERS DANS LEUR ÉPOUSTOUFLANT NUMÉRO DE SKI-NAUTIQUE SLALOM ILS VOUS FERONT FRÉMIR

VENEZ VOIR NOTRE MÉNAGERIE

PENDANT LE SPECTACLE BIBLIOTHÈQUE MOBILE PERMANENTE ICI Dimanche SUIVEZ SUIVEZ

APPROCHEZ

LE SPECTACLE SERA ANIMÉ PAR L'ORCHESTRE DU PÉRIFÉRIK TRANSISTOR BAND OUAIS

ET DES MILLIERS D'AUTRES SURPRISES

...ATTENTION PLUS QUE QUELQUES JOURS !!... LE SPECTACLE SERA DÉFINITIVEMENT CLOS LE 31 AOÛT À MINUIT... PROFITEZ DES DERNIÈRES REPRÉSENTATIONS ! APPROCHEZ APPROCHEZ MESDAMES ET MESSIEURS

49

VACANCES LABORIEUSES

D'UN BOUT DE L'ANNÉE À L'AUTRE, VACANCES COMPRISES, VOUS LISEZ PILOTE. IL FAUT DONC QU'UNE CATÉGORIE DE GENS CONTINUE À TRAVAILLER PENDANT LA GRANDE DÉTENTE ESTIVALE, AFIN QUE VOTRE "MÂTIN-QUEL-JOURNAL" NE VOUS FASSE PAS DÉFAUT. LE RÔLE DES DINGODOSSIERS ÉTANT, ENTRE AUTRE, DE VOUS FAIRE PARTICIPER À LA VIE INTÉRIEURE DE PILOTE, NOUS AVONS PENSÉ VOUS MONTRER COMMENT UN DESSINATEUR ARRIVAIT À CONCILIER TRAVAIL ET VACANCES. DINGO-REPORTAGE À CLASSER DANS LES DOCUMENTS HUMAINS.

LE DÉPAYSEMENT ÉTANT SALUTAIRE, LE DESSINATEUR, MUNI DE SON MATÉRIEL, PARTIRA DONC, COMME TOUT UN CHACUN.

LA CAMPAGNE, PAR EXEMPLE, OFFRANT UN CÔTÉ CALME ET REPOSANT NE POURRA QU'ÊTRE BÉNÉFIQUE AU TRAVAIL PROPREMENT DIT.

DING DONG

APRÈS AVOIR DÉBALLÉ LES VÊTEMENTS...

... LE NÉCESSAIRE DE TOILETTE ...

... ET LES OUTILS DE TRAVAIL ...

TIA-LAAA LOÉÉÉÉÉÉ

... LE DESSINATEUR POURRA COMMENCER PAR UNE PROMENADE FAVORABLE À LA RECHERCHE DES IDÉES.

LIBÉRÉ DES CONTRAINTES DE LA VIE CITADINE, IL POURRA ERRER AU MILIEU D'UNE NATURE ENFIN REDÉCOUVERTE.

CAMPING INTERDIT — PASSAGE INTERDIT — PROPRIÉTÉ PRIVÉE — VOIE SANS ISSUE — DÉCHARGE INTERDITE — PAPIERS

AU HASARD DE SA PROMENADE, IL NOTERA LES QUELQUES GAGS DÉSOPILANTS QUI POURRONT LUI VENIR EN TÊTE.

LA PROXIMITÉ D'UN COURS D'EAU NE POURRA QU'AJOUTER AU CHARME DU LIEU.

SI, D'AVENTURE PASSE QUELQUE CYGNE NONCHALANT, VOILÀ UN MERVEILLEUX SUJET DE CROQUIS DOCUMENTAIRE.

NOTRE SAUVEUR

LA SCÈNE SE PASSE AU CIEL.

HELLO ÉLU DUPONT !

ÉLU DURAND ! QUELLE BONNE SURPRISE ! ÇA FAIT UNE ÉTERNITÉ QU'ON NE S'EST VUS ! VOUS AVEZ BIEN CINQ MINUTES ?

AVEC PLAISIR !

LES NOUVELLES SONT BONNES, SUR TERRE ?

EH BEN À VRAI DIRE, PAS TRÈS FOLICHONNES, MON VIEUX...

AH BON ?

PAS TRÈS, NON... C'EST LE MOINS QU'ON EN PUISSE DIRE... JE VIENS JUSTEMENT DE PARCOURIR LE JOURNAL...

REMARQUEZ QUE VOUS NE M'ÉTONNEZ QU'À MOITIÉ... SI JE VOUS DISAIS QUE JE M'EN DOUTAIS UN PEU...

ROH, C'EST PAS BIEN MALIN !.. TOUS LES ANS À PAREILLE ÉPOQUE, C'EST LA MÊME CHOSE, ALORS...

BEN OUI, QU'EST-CE QUE VOUS VOULEZ, TOUTE L'ANNÉE, ILS FONT UNE FIESTA À TOUT CASSER !.. ÇA, ON PEUT PAS DIRE QU'ILS SOIENT RAISONNABLES !

BIEN SÛR !.. ALORS À LA FIN, PAS, ILS NE TIENNENT PLUS DEBOUT ! ET DANS TOUS LES COINS, C'EST L'ÉNERVEMENT ! ÇA CRIE, ÇA PLEURE, ÇA TRÉPIGNE ! LA FATIGUE, QUOI !

ILS DEVRAIENT COMPRENDRE QU'À LEUR ÂGE, C'EST MAUVAIS POUR EUX DE SE DÉMENER COMME ÇA ! ILS SONT ENCORE BIEN PETITS, ENFIN QUOI !..

BEN VOYONS !.. SI VOUS VOULEZ MON AVIS, C'EST UN BON CALMANT QU'IL LEUR FAUDRAIT ! COMME D'HABITUDE !..

VOUS L'AVEZ DIT, OUI ! UN BON CALMANT ! ESPÉRONS POUR EUX QUE CETTE ANNÉE ENCORE, IL IRA LE LEUR ADMINISTRER !

ESPÉRONS... BIEN QU'IL COMMENCE À SE FAIRE VIEUX AUSSI, LUI...

AH, IL TIENT ENCORE BIEN LE COUP, ALLEZ !.. BON PIED, BON ŒIL !.. ON DIRAIT QUE LES SIÈCLES N'ONT PAS DE PRISE SUR LUI !..

INCREVABLE, QU'IL EST, LE VIEUX !.. VOUS ALLEZ VOIR QUE... SI J'OSE M'EXPRIMER AINSI... IL NOUS ENTERRERA TOUS !..

PAS MAL, CELLE-LÀ, HEIN ?!

SACRÉ ÉLU DUPONT, VA !.. TOUJOURS L'HUMOUR À FLEUR DE PEAU !

TELEPHONE PUBLIC

GRRR

OUI ... JE NE SUIS QU'UN PAUVRE PAYSAN... UN HUMBLE BERGER... ET POURTANT, JE RÈGNE EN MAÎTRE SUR LE PLUS MERVEILLEUX DES ROYAUMES, QUE LE CIEL M'A DONNÉ : LA NATURE !...

QUAND VIENT LE CRÉPUSCULE, C'EST L'HEURE DE TRAIRE MES CHÈVRES.

LORSQUE J'AI RECUEILLI LE LAIT SACRÉ, JE CONFECTIONNE MES DÉLICIEUX FROMAGES, DONT JE ME NOURRIS EXCLUSIVEMENT.

GNIIIIII

ET À CHAQUE INSTANT, JE NE CESSE DE LOUER LE CRÉATEUR QUI M'A FAIT DON DE TANT DE BEAUTÉ...

GLORIA

QUAND LA NUIT TOMBE, CALME ET SEREINE, QUAND MES CHÈVRES S'ENDORMENT EN BÊLANT DOUCEMENT DANS LEURS RÊVES INNOCENTS, JE LES BERCE D'UN VIEUX CHANT SAVOYARD, PRÈS DE MON FEU QUI MEURT...

MARGOTON C'EST UNE BLONDE

AVANT DE SOMBRER À MON TOUR DANS UN SOMMEIL PUR ET SANS TACHE, J'INTERROGE UNE DERNIÈRE FOIS VÉNUS MON AMIE, L'ÉTOILE DU BERGER, SUR LES GRANDS MYSTÈRES DE CE MONDE MERVEILLEUX : LA VIE, L'AMOUR, LA MORT, LE BONHEUR, LA DOULEUR...

LA DOULEUR... SAIS-TU QUE LA DOULEUR, SI ELLE NE FAISAIT PAS MAL, SERAIT PARFAITEMENT SUPPORTABLE?

INTÉRESSANT

BON, CECI DIT, JE VAIS ME PIEUTER, J'AI LE COUP DE POMPE.

BONNE NUIT

ET VOUS VOUDRIEZ QUE JE ME PLAIGNE ?

BEN ZUT ALORS

QU'EST-CE QU'IL VOUS FAUT

GNOUM SCROM MUNTCH GLOUB

?

SNIF SNIF

CE FROMAGE N'EST PAS FRAIS

BRURP

HIPS

UERK

JE ME SENS PAS TRÈS BIEN...

HIPS

HIPS BUÊÊÊÊ

EXCUSEZ MOI

OUF... ÇA VA MIEUX...

BURP

VEUILLEZ M'EXCUSER POUR CE MALAISE.

HIC

HIPS

DANS LE CADRE DE SES ENQUÊTES SOCIOLOGIQUES, LA R.A.B S'EST PENCHÉE AUJOURD'HUI SUR LE MALAISE PAYSAN.

IL Y A DES JOURS OÙ JE ME SENS BIEN DÉPRIMÉE.

SNIF

145-B

LE FOU DE BASSAN

NOUS ALLONS AUJOURD'HUI ÉTUDIER LES MŒURS D'UN PALMIPÈDE INTÉRESSANT APPELÉ "FOU DE BASSAN", ET QUI A LONG-TEMPS CONSTITUÉ UN MYSTÈRE POUR LES ORNYTHOLOGUES.

JE M'EXCUSE, ORNITHOLOGUE, ÇA S'ÉCRIT AVEC UN "I"

EN EFFET, CET OISEAU HABITE EN DES LIEUX D'ACCÈS DIFFICILE, ET DURANT DE LONGUES ANNÉES, ON A EU BEAUCOUP DE MAL À L'APPROCHER AFIN DE POUVOIR MENER À SON SUJET DES ÉTUDES SÉRIEUSES.

COUCOU

FORT HEUREUSEMENT, IL EN VA TOUT AUTREMENT AUJOURD'HUI, GRÂCE AUX PROGRÈS DE LA TECHNIQUE. LE FOU PEUT ÊTRE MAINTENANT OBSERVÉ SOIGNEUSEMENT ET AUCUN DE SES AGISSEMENTS NE NOUS EST PLUS ÉTRANGER. LE FOU DE BASSAN VIT EN COLONIE SUR DES ÎLOTS ROCHEUX DE L'ATLANTIQUE ET DE LA MER DU NORD.

VOUS DESCENDEZ À LA PROCHAINE?

UN VRAI BIDONVILLE!

LE FOU DE BASSAN, COMME TOUS LES OISEAUX, SE COUCHE ET SE LÈVE AVEC LE SOLEIL.

RRON ZZZZZ RRON

DÈS L'AUBE, IL S'ÉVEILLE EN PLEINE FORME ET SALUE JOYEUSEMENT L'ASTRE DU JOUR.

COCORICOOOOOO

PUIS, IL PREND SON ESSOR POUR UN PETIT VOL DE CULTURE PHYSIQUE...

POUT POUT POUT VROUM VROUM VROUM VROUM

...ET S'ÉLANCE PUISSAMMENT VERS LE REBORD DE LA FALAISE, VERS LE VIDE.

VROUUUUM

ET LÀ, IL SE RETROUVE DANS SON ÉLÉMENT. ÉCARTANT LARGEMENT LES AILES, IL SE MET À PLANER.

? LES GARS, J'AI L'IMPRESSION D'OUBLIER QUELQUE CHOSE...

ZZIIIP OUPS

OHÉ LES COPAINS! JE SUIS UNE AUTRUCHE!

TOUTEFOIS, LE FOU DE BASSAN N'OUBLIE PAS TOUJOURS DE DÉPLOYER SES AILES. NOTAMMENT, IL PRATIQUE LA PÊCHE DE LA FAÇON SUIVANTE: IL PLANE.

SITÔT QU'IL APERÇOIT UN POISSON, IL SE MET EN PIQUÉ, PLONGEANT DROIT DESSUS.

OH! LE BEAU! VROOOOUUUUUUM

BRONG

ET ENCORE, LÀ, C'EST LA MARÉE BASSE...

VOUS VERRIEZ ÇA QUAND IL Y A DE L'EAU!

LORSQU'IL N'EST PAS OCCUPÉ À LA RECHER-
CHE DE SA NOURRITURE, LE FOU DE BASSAN
SE LIVRE À SON SPORT FAVORI QUI EST
LE SUIVANT:

BANZAÏ°°

ON S'EST LONGTEMPS INTERROGÉ SUR LE BUT
DE CE SPORT. JUSQU'AU JOUR OÙ LA RÉPON-
SE APPARUT CLAIREMENT AUX SAVANTS.

ÇA ME FAIT
TELLEMENT DE
BIEN QUAND
JE M'ARRÊTE!

LES ILES OÙ VIVENT
LES FOUS DE BASSAN
SE TROUVENT SUR LA
ROUTE DES GRANDS
NAVIRES MARCHANDS
QUI EXPORTENT D'EST
EN OUEST LES PRÉ-
CIEUX USTENSILES
MÉNAGERS DESTINÉS
AUX PAYS QUI EN MAN-
QUENT. LORSQU'UN
DE CES NAVIRES FAIT
NAUFRAGE, LES OI-
SEAUX PILLENT L'É-
PAVE ET TROUVENT
DANS LES CARGAISONS
DE QUOI SE PRÉMUNIR
CONTRE LES RIGUEURS
DU SOLEIL.

C'EST AINSI QU'ON PEUT VOIR CES CHAR-
MANTS VOLATILES DÉAMBULER, COIFFÉS
DE COUVRE-CHEFS PITTORESQUES.

DE MÊME, LE FOU AIME À
SE COIFFER D'UNE DEMIE
COQUILLE D'OEUF, TOU-
JOURS POUR SE PROTÉ-
GER DU SOLEIL. (LES OEUFS
DU FOU DE BASSAN SONT NOIRS)

MAIS BIENTÔT VIENT LE PRINTEMPS, ÉPOQUE
BÉNIE OÙ LES COUPLES SE FORMENT.

TILT
OUAOU
BOÏNG
BOLDI
GASPE
BOM BOM
BOM

ET CE SONT ALORS CES JEUX CHAR-
MANTS QUI PRÉLUDENT À TOUTES CES
SORTES DE CHOSES VOUS VOYEZ CE QUE
JE VEUX DIRE.

DEVINEZ CE QUE
J'AI DE CACHÉ DER-
RIÈRE MON DOS?

UN
ÉLÉPHANT!

OUAAH C'EST PAS
DE JEU, HÉ!
VOUS L'AVIEZ VU!

LE COUPLE FAIT AIN-
SI PLUS AMPLE CON-
NAISSANCE, GRÂCE À
CES INNOCENTS MARI-
VAUDAGES. APRÈS QUOI,
AYANT DÉCIDÉ QUE LA
GLACE ÉTAIT ROMPUE,
IL FONDE LA CELLULE
FAMILIALE. À CET
EFFET, LE MÂLE CHOI-
SIT UNE ANFRACTUO-
SITÉ DE ROCHER
POUR Y CONSTRUIRE
LE NID. UN COIN
BIEN DOUILLET, ABRI-
TÉ DES RIGUEURS
DU CLIMAT PAR UN
PLAFOND DE PIERRE
SOLIDE.

PUIS IL DÉCORE LE PLAFOND DE SON NID, EN L'EN-
DUISANT DE BOUE, UTILISANT POUR CELA UNE É-
CHELLE DE FORTUNE ET SA QUEUE COMME PINCEAU.

CES OUTILS SERVENT D'AILLEURS À LA COMMU-
NAUTÉ, LE FOU DE BASSAN VIVANT EN COLONIE.

HÉ DIS DONC VIEUX,
JE TE RETIRE L'ÉCHELLE,
J'EN AI BESOIN CINQ
MINUTES...

ACCROCHE-TOI
AU PINCEAU EN
ATTENDANT

OUI
MAIS
MAGNE-
TOI

AINSI, COMME VOUS POUVEZ
LE VOIR, APRÈS DES SIÈCLES
D'OBSERVATION, TOUT A ÉTÉ
ÉCLAIRCI SUR LES MYSTÉRIEUX
AGISSEMENTS DE CET OISEAU
FASCINANT APPELÉ "FOU DE
BASSAN"...TOUT..SAUF UN PE-
TIT DÉTAIL SUR LEQUEL ON SE
PERD ENCORE AUJOURD'HUI
EN CONJECTURES...

...ON SE DEMANDE AVEC
CURIOSITÉ D'OÙ CE VO-
LATILE TIRE SON NOM
DE "FOU".

148-B

151-B

L'ART DU DESSIN ANIMÉ

QUI DE NOUS N'A RESSENTI UNE HEUREUSE JUBILATION L'ENVAHIR LORSQU'APPA- RAISSENT SUR L'ÉCRAN CES IMAGES JOYEUSES, DYNAMIQUES MUSICALES ET COLORÉES...

C'est tout les gars!

VOUS AVEZ RE- CONNU, BIEN SÛR, QUELQUES SCÈNES-TYPES D'UNE DES PLUS CHOUETTES FOR- MES DE CINÉMA: LE DESSIN ANIMÉ. LE CINÉMA EST BASÉ SUR LE PRINCIPE DIT, DE LA "PERSISTANCE RÉTINIENNE". CELA SIGNIFIE PAR EXEMPLE QUE SI VOUS REGARDEZ CETTE IMAGE:

CETTE IMAGE, LÀ, VOUS VOYEZ?

①

PUIS, CELLE-CI:

②

L'IMAGE 1 RESTE GRAVÉE DANS LA RÉTINE ET PERSISTE QUAND ON REGARDE L'IMAGE 2, DONNANT AINSI UNE IMPRESSION DE MOU- VEMENT. C'EST TELLEMENT ÉPOUSTOUFLANT QUE ÇA ARRACHE FACILE- MENT DES LARMES.

MOUVEMENT

(NOTA: L'EXEMPLE CHOISI EST UN GESTE RITUEL QUI FIGURE SUR DES VASES ANTIQUES RE- TROUVÉS DANS LES RUINES DE POMPEI.)

FAITES L'EX- PÉRIENCE. RE- GARDEZ ALTER- NATIVEMENT ET TRÈS VITE LES IMAGES 1 ET 2. VOUS AU- REZ UNE HAL- LUCINANTE IM- PRESSION DE MOUVEMENT. JE VIENS DE LE FAIRE ET J'EN SUIS EN- CORE TOUT ÉBAUBI, EN ME METTANT DES GOUTTES DE COLLYRE DANS LES YEUX.

PAR CONSÉQUENT, POUR RECRÉER UN MOUVEMENT, IL SUF- FIT DE LE DÉCOMPO- SER EN SES DIFFÉ- RENTES PHASES QUE L'ON FAIT DÉFI- LER RAPIDEMENT DEVANT LA RÉTINE. SI CE SONT DES PHOTOS, C'EST UN FILM CLASSIQUE. SI CE SONT DES DES- SINS, C'EST UN DES- SIN ANIMÉ. C'EST SIMPLE COMME BON- JOUR. SI VOUS COM- PRENEZ QUE DALLE, JE VOUS AIME BIEN QUAND MÊME.

UN "ANIMATEUR" DESSINE LA PREMIÈRE ET LA DERNIÈRE PHASE DU MOUVEMENT:

première phase

dernière phase

GENTIL ANIMATEUR

ENSUITE IL FAUT DESSINER TOUTES LES PHASES COMPRISES DANS L'INTERVALLE ENTRE LA PREMIÈRE ET LA DERNIÈRE. C'EST LE TRAVAIL DE "L'INTERVALLISTE":

POUR DESSINER LES EXPRESSIONS DE VISAGES, L'ANIMATEUR SE REGAR- DE DANS UNE GLACE, S'INSPIRANT DE SON PROPRE REFLET.

DE MÊME, POUR LES ATTITUDES DU CORPS, L'ANIMATEUR POURRA S'INSPIRER D'UN MODÈLE VIVANT.

BIEN ENTENDU, LE MODÈLE DEVRA, DE PRÉFÉRENCE, ÊTRE SPÉCIALISÉ DANS LES POSES "DESSIN ANIMÉ".

MAGNETO-TOI, JE FATIGUE

(MODÈLE SPÉCIALISÉ DANS LE "TEX AVERY")

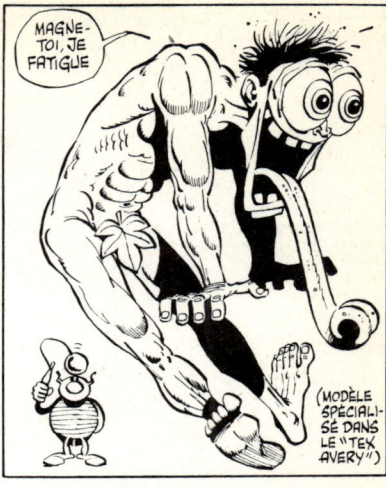

LE DESSIN ANIMÉ A ÉTÉ INVENTÉ PAR UN FRANÇAIS : EMILE COHL ET EXPLOITÉ À FOND PAR UN AMÉRICAIN : WALT DISNEY, MAIS C'EST D'ABORD UN TRAVAIL DE ROMAIN. RIEN QUE POUR FAIRE MARCHER UN BONHOMME, REGARDEZ TOUT CE QU'IL FAUT FAIRE :

ET ENCORE, ICI, IL N'Y A QU'UN PAS ! VOUS VOUS RENDEZ COMPTE DU BOULOT ? (SURTOUT SI EN PLUS, LE BONHOMME A LE HOQUET, COMME C'EST LE CAS ICI.)

LES DESSINS SUCCESSIFS SONT FAITS SUR DES FEUILLES DE CELLOPHANE, (CELLO), AU PINCEAU OU À LA PLUME. CECI PRÉSENTE UN AVANTAGE.

LORSQUE SEULES LES JAMBES DES PERSONNAGES BOUGENT, (EXEMPLE : UN COUPLE QUI DANSE) ON DESSINE UN CELLO FIXE POUR LE HAUT DE LEURS CORPS :

PUIS, ON DESSINE LES DIFFÉRENTES PHASES DU MOUVEMENT DES JAMBES SUR DES CELLOS SÉPARÉS. ÉCONOMIE DE DESSINS.

EN SUPERPOSANT LA SÉRIE DES CELLOS DES JAMBES ET LE CELLO FIXE DES BUSTES, ON RECONSTITUE LES PERSONNAGES PAR TRANSPARENCE.

ILS SE METTENT À DANSER ALORS, COMME PAR ENCHANTEMENT.

(NOTEZ QUE SEULES LES JAMBES BOUGENT. LES BUSTES RESTENT FIXES.)

INCONVÉNIENT DU CELLO : CELUI-CI ÉTANT TRANSPARENT, ON RISQUE DE LE POSER À L'ENVERS, D'OÙ DÉSASTRE.

142-B

EN BREF ET POUR NOUS RÉSUMER, LE DESSIN ANIMÉ OFFRE DES POSSIBILITÉS INFINIES. VOICI LA JOURNÉE COMPLÈTE D'UN MONSIEUR, VUE AU TRAVERS DES DIFFÉRENTS CELLOS:

EN REGARDANT TRÈS VITE DE GAUCHE À DROITE, ON VOIT LA JOURNÉE S'ÉCOULER. EN REGARDANT DANS L'AUTRE SENS, ON VOIT LE TEMPS S'ÉCOULER À L'ENVERS. EN RETOURNANT LE JOURNAL, ON VOIT LA SEINE. SURTOUT SI AU MÊME MOMENT, ON REGARDE PAR LA FENÊTRE ET QU'ON HABITE LES QUAIS. C'EST FOU LES POSSIBILITÉS DU DESSIN ANIMÉ.

LE DESSIN ANIMÉ, C'EST ÉGALEMENT LA LIBERTÉ ET L'INVENTION. LE MOUVEMENT N'EST PLUS SOUMIS AUX LOIS NATURELLES. IL PEUT ÊTRE COMPLÈTEMENT RECRÉE. SI L'ON REPREND L'EXEMPLE DU DÉBUT, CE MOUVEMENT, DANS LA RÉALITÉ EST, SOMME TOUTE, ASSEZ BANAL:

OR, SI JE VEUX LE RÉALISER EN DESSIN ANIMÉ, RIEN NE M'EMPÊCHE DE LE SUBLIMER EN UNE SURRÉALITÉ D'UN LYRISME FOU, QUI, LE TRANSCENDANT, EN FERA UNE CRÉATION PURE, D'UNE ORIGINALITÉ VACHEMENT BATH.
(J'AI CRU UN MOMENT QUE JE ME SORTIRAIS JAMAIS DE CETTE PHRASE)

C'EST DRÔLEMENT TRANSCENDÉ, HEIN?

LE DESSIN ANIMÉ EST UN HYMNE PERMANENT AU MOUVEMENT, DONC, À LA VIE.

LES PERSONNAGES Y SONT COURAMMENT ÉCRABOUILLÉS ET RÉDUITS EN MIETTES...

...MAIS DANS UN DESSIN ANIMÉ, PLUS UN PERSONNAGE MEURT ET PLUS IL REVIT LA SECONDE D'APRÈS.

OUILLE

WOOAAW
YOU KNOW WHAT? I'M HAPPY
WOUUU
HOU-HOU-HI HOUUUU-HA
EXCITING ISN'T IT?
WHAT'S UP DOC?
THAT'S ALL, FOLKS!
BIP-BIP
BIP-BIP
BIP-BIP

PLOP

I'M POPEYE THE SAILOR MAN

C'EST SPIRITUEL, ÇA, TIENS.

DEMANDEZ-LES À VOTRE LIBRAIRE